管·理·落·地·笔·记·系·列

品质管理
极简落地工作图解

时代华商企业管理培训中心 组织编写

Minimalist Landing Work Diagram

化学工业出版社
·北京·

内容简介

《品质管理极简落地工作图解》是针对当前市场竞争激烈背景下，品质管理成为企业核心竞争力的现状，为广大品质管理人员量身打造的一本实用工作指南。本书以"极简"为核心理念，力求将复杂的品质管理知识转化为简单易懂的操作指南。首先介绍品质管理规划、品质管理应知应会，再就来料质量管理、制程质量控制、最终质量控制、产品质量管控、质量记录和信息管理及QC工具的应用进行一一介绍。旨在帮助品质管理人员快速掌握工作要领，提升工作效率和品质管理水平。

本书特色鲜明，以实战为导向，紧密结合品质管理工作实际情况，通过大量实际案例和经验分享，加强知识的理解和应用。此外，本书还注重实践性和可操作性，方法和工具易于落地，品质管理人员可直接应用于实际工作中，实现品质管理的持续优化和提升。

本书适合广大品质管理从业人员、企业管理人员以及对品质管理感兴趣的读者阅读。

图书在版编目（CIP）数据

品质管理极简落地工作图解 / 时代华商企业管理培训中心组织编写． -- 北京：化学工业出版社，2025.5.
（管理落地笔记系列）． -- ISBN 978-7-122-47590-9

Ⅰ. F273.2-64

中国国家版本馆CIP数据核字第2025PD3113号

责任编辑：陈　蕾　　　　　　　　　　　　装帧设计：溢思视觉设计／程超
责任校对：杜杏然　　　　　　　　　　　　　　　　　　E-mail: isstudio@126.com

出版发行：化学工业出版社（北京市东城区青年湖南街13号　邮政编码100011）
印　　装：三河市双峰印刷装订有限公司
787mm×1092mm　1/16　印张11½　字数210千字　2025年6月北京第1版第1次印刷

购书咨询：010-64518888　　　　　　　　　售后服务：010-64518899
网　　址：http://www.cip.com.cn

凡购买本书，如有缺损质量问题，本社销售中心负责调换。

定　　价：68.00元　　　　　　　　　　　　　　　　　　　　版权所有　违者必究

前　言

在当今竞争激烈的市场环境中，品质已成为企业生存与发展的核心要素。无论是制造业，还是服务业，品质都是赢得客户信任、提升品牌价值的基石。而品管人员，作为品质管理的直接执行者和守护者，其重要性不言而喻。

品质管理不仅是对产品质量的把控，更是一种系统化的管理方法，贯穿企业运营的每一个环节。通过实施有效的品质管理，可以显著提升客户满意度，增强市场竞争力，降低生产成本，提高生产效率，最终实现可持续发展。

品管人员是企业品质管理的中坚力量，承担着确保产品质量、预防质量问题、推动持续改进的重要职责。在日常工作中，品管人员应熟练掌握各种检验方法，对生产过程进行严密监控，及时发现并处理质量问题，同时还应与各部门紧密合作，共同推动品质管理体系的不断完善。

我们深知，在快节奏的工作环境中，品管人员不仅要具备扎实的专业知识，还应拥有高效完备的工作技能，以确保产品从原材料采购、生产过程控制到成品检验的每一个环节都能达到既定的品质标准。基于此，我们编写了《品质管理极简落地工作图解》一书。

本书以"极简"为核心理念，力求将复杂的品质管理知识转化为简单易懂的操作指南。首先介绍品质管理规划、品质管理应知应会；然后，介绍来料质量管理、制程质量控制、最终质量控制、产品质量管控、质量记录和信息管理及QC工具的应用，旨在帮助品管人员快速掌握工作要领，提升工作效率和品质管理水平。

本书的特色与亮点：

◇ 极简风格：采用极简主义风格，去除冗余内容，只保留最核心、最实用的品管知识和技巧，方便品管人员快速查阅和学习。

◇ 实战导向：内容紧密结合品管工作的实际情况，通过大量实践案例和经验分享，帮助品管人员更好地理解和运用品管知识。

◇ 系统全面：覆盖了品管工作的各个方面，从品管计划制订到来料、半成品、成品质量控制，为品管人员提供了一套完整的品质管理工作体系。

◇ 易于落地：书中的方法和工具都经过精心筛选和验证，具有很强的可操作性和可落地性，品管人员可以直接应用于实际工作中。

我们相信，通过本书的学习和实践，品管人员会在各自的岗位上发挥更大的作用，为企业的发展贡献更多力量。

编　者

目 录

导读一　品质管理提升课程安排 1

导读二　品管人员学习指南 3

导读三　培训老师使用指南 4

第一章　品质管理规划 5

第一节　质量方针的制定与实施 6

一、质量方针的内容 6

二、质量方针的制定 8

三、质量方针的实施 8

第二节　品质目标的制定与实现 11

一、品质目标的类型 11

二、品质目标的要求 12

三、品质目标的制定 12

四、品质目标的落实 17

第三节　品管人员的配置与管理 19

一、品管部门的职能 20

二、品管部门的架构 21

三、品管人员的配置 21

四、品管人员的管理 22

第四节　配备品质管理文件 24

一、品质管理文件的种类 25

二、品质管理文件配备的要求 ……………………………………… 25
　　三、品质管理文件配备的注意事项 ………………………………… 25

第五节　制定品质检验标准 ……………………………………………… 26
　　一、检验标准的分类 ………………………………………………… 26
　　二、检验标准的内容 ………………………………………………… 27
　　三、品质标准的制定 ………………………………………………… 27

第二章　品质管理应知应会 …………………………………………… 30

第一节　质量管理认知 …………………………………………………… 31
　　一、什么是质量 ……………………………………………………… 31
　　二、产品质量的形成过程 …………………………………………… 32
　　三、质量管理的特点 ………………………………………………… 33
　　四、质量管理措施 …………………………………………………… 34
　　五、与质量管理相关的术语 ………………………………………… 37

第二节　质量检验认知 …………………………………………………… 40
　　一、质量检验的定义 ………………………………………………… 40
　　二、质量检验的基本任务 …………………………………………… 40
　　三、质量检验的主要作用 …………………………………………… 41
　　四、质量检验的步骤 ………………………………………………… 43
　　五、质量检验的类别 ………………………………………………… 44
　　　　相关链接　周期检验与逐批检验的关系 ……………………… 48
　　六、质量检验的方法 ………………………………………………… 48

第三章　来料质量管理 ………………………………………………… 51

第一节　来料检验的认知 ………………………………………………… 52
　　一、来料检验的重要性 ……………………………………………… 52
　　二、来料检验的时间 ………………………………………………… 52
　　三、来料检验的方式 ………………………………………………… 53
　　四、来料检验的分类 ………………………………………………… 53

第二节　来料检验的控制······54
一、来料检验的内容······54
二、来料检验的工作流程······55
三、来料检验结果的处理······59
四、来料检验中的紧急放行······61
五、来料检验的要求······62

第三节　特采的处理······63
一、特采的判定标准······63
二、特采的处理流程······64
三、特采的注意事项······65

第四章　制程质量控制······66

第一节　制程质量控制的认知······67
一、制程质量控制的核心价值······67
二、制程质量控制的工作流程······67
三、制程质量控制的发展趋势······68

第二节　制程检验的方式······68
一、首件检验······68
二、巡回检验······72
　　相关链接　现场巡检的要点······76
三、末件检验······77
　　相关链接　首件检验与末件检验的区别与联系······79

第三节　工序质量控制······80
一、影响工序质量的因素······80
二、工序质量控制点管理······83
　　相关链接　××有限公司质量控制点管理办法······85
三、工序质量检验······87
　　相关链接　××公司工序质量检验作业指导书······88
四、工序质量信息管理······89
五、工序质量改善······92

第五章　最终质量控制 ·· 95

第一节　成品检验 ··· 96
一、成品检验的目的 ·· 96
二、成品检验的侧重点 ··· 96
三、成品检验的内容 ·· 96
四、成品检验的方法 ·· 97
五、成品检验的流程 ·· 97

第二节　包装检验 ··· 98
一、包装检验的目的 ·· 98
二、包装检验的内容 ·· 99
三、包装检验的方法 ·· 99
四、包装检验的注意事项 ·· 99

第三节　入库检验 ·· 100
一、入库检验的目的 ··· 100
二、入库检验的内容 ··· 101
三、入库检验的方法 ··· 101
四、入库检验的要求 ··· 102

第四节　出货检验 ·· 102
一、出货检验的目的 ··· 102
二、出货检验的内容 ··· 102
三、出货检验的流程 ··· 103
四、出货检验的注意事项 ··· 104

第六章　产品质量管控 ·· 106

第一节　样品质量控制 ·· 107
一、什么是样品 ·· 107
二、样品的类型 ·· 107
三、获取样品的渠道 ··· 107
四、样品鉴定的方式 ··· 108

　　　　五、样品质量控制的步骤 ·· 108

　　　　六、样品质量控制的要点 ·· 109

　　　　　　相关链接　××科技有限公司样品管理办法 ·············· 109

　第二节　不合格品控制 ·· 114

　　　　一、不合格品产生的原因 ·· 114

　　　　二、不合格品控制的关键 ·· 115

　　　　三、不合格品控制的措施 ·· 115

　　　　四、不合格品的标识 ·· 117

　　　　五、不合格品的隔离 ·· 119

　　　　六、不合格品的处置 ·· 120

第七章　质量记录和信息管理 ·· 123

　第一节　质量记录管理 ·· 124

　　　　一、质量记录的种类 ·· 124

　　　　二、质量记录的作用 ·· 124

　　　　三、质量记录的管理 ·· 125

　第二节　质量信息管理 ·· 126

　　　　一、质量信息的定义 ·· 126

　　　　二、质量信息的来源 ·· 127

　　　　三、质量信息的分类 ·· 127

　　　　四、质量信息管理的原则 ·· 127

　　　　五、质量信息管理的步骤 ·· 128

　　　　六、质量信息管理的注意事项 ···································· 128

第八章　QC工具的应用 ·· 129

　第一节　旧QC工具 ·· 130

　　　　一、直方图法 ·· 130

　　　　二、层别法 ·· 135

　　　　三、柏拉图法 ·· 138

四、鱼骨图法 …………………………………………………… 144
　　五、检查表法 …………………………………………………… 146
　　六、散布图法 …………………………………………………… 148
　　七、控制图法 …………………………………………………… 151
第二节　新QC工具 ………………………………………………… 159
　　一、亲和图法 …………………………………………………… 159
　　二、PDPC法 …………………………………………………… 161
　　三、矩阵数据分析法 …………………………………………… 163
　　四、关联图法 …………………………………………………… 163
　　五、矩阵图法 …………………………………………………… 166
　　六、系统图法 …………………………………………………… 170
　　七、箭线图法 …………………………………………………… 172

导读一　品质管理提升课程安排

第一章　品质管理规划

- ☐ 质量方针的制定与实施
- ☐ 品质目标的制定与实现
- ☐ 品管人员的配置与管理
- ☐ 配备品质管理文件
- ☐ 制定品质检验标准

时间安排：

第二章　品质管理应知应会

- ☐ 质量管理认知
- ☐ 质量检验认识

时间安排：

第三章　来料质量管理

- ☐ 来料检验的认知
- ☐ 来料检验的控制
- ☐ 特采的处理

时间安排：

第四章　制程质量控制

- ☐ 制程质量控制的认知
- ☐ 制程检验的方式
- ☐ 工序质量控制

时间安排：

第五章　最终质量控制

- ☐ 成品检验
- ☐ 包装检验
- ☐ 入库检验
- ☐ 出货检验

时间安排：

第六章　产品质量管控

- ☐ 样品质量控制
- ☐ 不合格品控制

时间安排：

导读一　品质管理提升课程安排

第七章　质量记录和信息管理

☐ 质量记录管理
☐ 质量信息管理

时间安排：

第八章　QC工具的应用

☐ 旧QC工具
☐ 新QC工具

时间安排：

说明：以上PPT图片可帮读者检验自学效果，培训老师也可将其作为课件使用。

导读二　品管人员学习指南

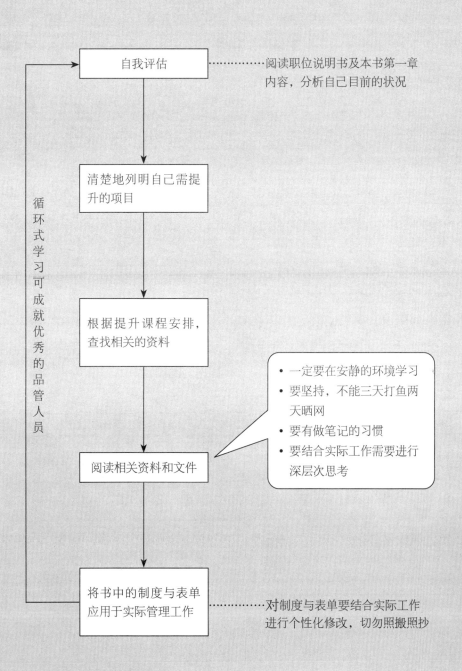

导读三　培训老师使用指南

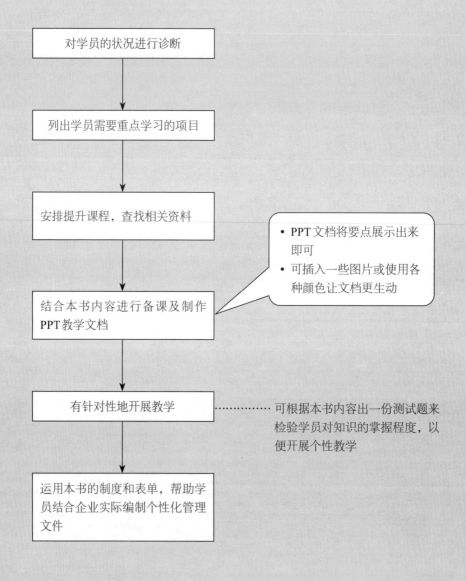

第一章

品质管理规划

第一节　质量方针的制定与实施

质量方针是企业正式发布的总的质量宗旨和方向，是管理者对质量的承诺。
图1-1是某企业的质量方针。

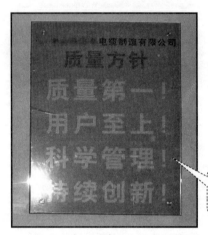

以看板的形式展示质量方针，通俗易懂。

图1-1　某企业的质量方针

一、质量方针的内容

质量方针的内容应做到：
（1）与企业总的经营方针相适应。
（2）对满足顾客需求、遵守法律法规和持续改进质量管理体系作出承诺。
（3）从产品质量和顾客满意的角度出发。
（4）提供品质目标制定和评审的框架。

> 质量方针的具体内容如下所示：
> （1）标题。例如，××公司质量方针。
> （2）质量方针的核心内容。
> ① 质量方针的核心内容可以是几条简明扼要的规定，也可以是几条定性的品质目标（注意：质量方针所规定的品质目标一般不是定量的，定量的品质目标应纳入品质目标管理范畴），还可以是几条质量问题处理的原则。不管是哪种情况，都应包括最高管理者对质量的承诺。
> ② 为了便于员工理解与记忆，可以将上述内容编成顺口溜，但不能过分简化。

（3）实施质量方针的措施。

这些措施可以是宏观的、原则性的，例如，要使全体员工理解质量方针，企业内部发生有关冲突时用质量方针来解决等。

（4）最高管理者签名及实施日期。

质量方针经最高管理者签署后才生效，因此必须要有最高管理者的签名及实施日期。

以下是某公司的质量方针示例。

××有限公司质量方针

××有限公司（以下简称公司）是集开发、生产、贸易于一体的综合性公司，主要生产新型建材、建材设备、铁路电器，开展国际贸易及投资咨询等业务。

公司致力于新材料，新技术，光、机、电一体化产品的开发和应用，以铁路运输装备为主导市场，以安全可靠为前提，以节能、智能化产品为目标，先后研发了冷光源系列灯具及相关显示器、电器件产品，同时也为城市市政、车站、部队、宾馆等行业提供部分安防及灯饰产品。其中，多项产品已获得外观和实用新型专利，部分产品已进入国际市场，尤其是新近开发的冷光源免维护系列灯具，已广泛应用于新造车辆，改善了车厢的环境，受到乘客和主管部门的好评。

已开发应用的新型冷光源系列产品包括地灯、筒灯、射灯、地脚灯、床头灯、床头阅读灯、信号灯及太阳能草坪灯等绿色环保节能灯具。已开发应用的小型电器件系列产品包括电器柜锁、厕所显示器、光电开关、智能化照明控制系统、车载液晶显示器及配套的信息网络产品（VOD系统）等。

公司坚持以服务为宗旨、以客户为上帝，追求合理化（人尽其才、物尽所用、科学管理）设计，最大化满足社会需要。公司严格按照ISO 9001质量管理体系的要求，使销售、研发、生产处于可控状态，并确保产品及服务的品质。

为了实现质量方针，采取如下措施。

1.将本质量方针发放给全体员工，并组织学习、讨论，使全体员工特别是管理人员充分理解。

2.根据本质量方针制定品质目标，并将品质目标层层分解，逐级落实。

3.本公司的文件、过程、程序、产品等如与本质量方针不相符，一律按本质量方针的规定进行修正或完善，任何人都不得违背本质量方针的规定。

总经理×××（签名）

××××年×月×日

二、质量方针的制定

制定质量方针应遵循图1-2所示的程序。

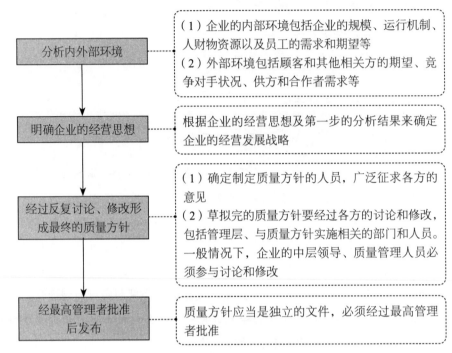

图1-2 质量方针的制定程序

> **小提示**
>
> 质量方针是企业经营方针的重要组成部分，企业必须结合自身的实际情况制定，并以文件形式呈现出来。

三、质量方针的实施

质量方针正式发布后，企业应采取一些措施使质量方针得以贯彻执行。

1.质量方针的宣传

必须让员工理解并熟练运用质量方针，可采取以下方式。

（1）在制定质量方针的过程中，组织全员开展自我生存与发展的讨论，引导员工对质量方针制定提出建议。

（2）质量方针制定出来后，不能停留在文件上，应大力宣传。

① 利用宣传栏、黑板报、标语、手册等进行宣传。

② 通过早读、开会等形式进行宣传。

③ 组织员工进行讨论，例如，质量方针与员工有什么关系，在实际工作中如何运用质量方针，等等。

（3）遇到重大质量问题时，要重温质量方针。例如，若发生了重大质量事故或在质量管理工作中发生冲突时，可以进行讨论，加深员工对质量方针的理解。

（4）质量方针的宣传要持续进行，例如可以每月进行一次质量方针教育。新员工到岗时，也应进行质量方针教育。

（5）开展文化娱乐活动，将质量方针的宣传形象化、趣味化，例如质量知识竞赛、"我为企业作贡献"演讲或征文比赛、漫画征集，等等。某企业将质量方针张贴出来进行宣传，如图1-3所示。

图1-3　将质量方针张贴出来

2.质量方针的实施

（1）用质量方针指导品质目标制定。

（2）用质量方针指导质量策划，并建立质量管理体系。质量管理体系的文件、过程，都必须体现质量方针的要求，不得与质量方针相抵触、相违背，否则应加以修正改进。

（3）用质量方针评审质量管理体系是否适宜、充分和有效。如果质量管理体系未能满足质量方针的要求，则应当进行改进。

3.质量方针的检测

（1）对质量方针的实施和落实情况，应定期进行检测，以便为管理评审提供依据。顾客和其他相关方的满意度、质量管理体系的内部审核、产品质量的检测等，都是对质量方针的检测。

（2）可以采取审核、考试、现场采访等方式进行检测。例如，抽取若干人员进行考试，检验他们对质量方针的理解程度、运用质量方针处理质量问题的能力等。

4.质量方针的评审

对质量方针必须定期进行评审，以判断其适宜性和有效性。

（1）评审的时间和方式

管理评审是定期进行的，一般每年至少一次。质量方针的评审应与管理评审同步，每年也至少进行一次。企业制定质量方针管理程序和评审程序时，应涵盖质量方针评审要求、评审程序、评审项目等内容，使质量方针的评审制度化、规范化。

（2）评审的内容

质量方针的评审主要包括图1-4所示的内容。

内容一　质量方针是否适宜

通过对组织结构、产品结构、发展战略和外部环境进行评审，可以发现质量方针不适宜的地方，从而进行修正

内容二　质量方针是否有效

主要通过以下内容来判断：
（1）将品质目标与质量方针的要求进行对比
（2）将内部审核结果与质量方针的要求进行对比
（3）将顾客投诉情况以及顾客满意度与质量方针的要求进行对比
（4）将管理评审结果与质量方针进行对比等

图1-4　质量方针的评审内容

5.质量方针的改进

评审后如果发现质量方针不能保持持续的适宜性与有效性，就应对质量方针进行必要的修正和改进。

质量方针必须得到有效控制，如图1-5所示。

要求一　质量方针发布前必须得到批准，有最高管理者的签字

要求二　质量方针评审后如果需要修改，也必须得到最高管理者的批准

要求三	质量方针必须标明修订状态
要求四	在任何使用质量方针的部门，都应配备有关的适用文件（质量方针是一个文件而不仅仅是几句话）
要求五	作废的质量方针文件，应当收回或标明"作废"标识

图1-5　质量方针控制要求

第二节　品质目标的制定与实现

品质目标通常依据质量方针制定。企业必须制定品质目标，各部门、班组甚至个人也可以据此制定具体的实施目标。

图1-6是质量方针与目标共同展示的示例。

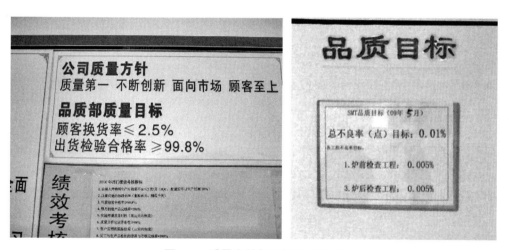

图1-6　质量方针与目标共同展示

一、品质目标的类型

品质目标有不同的分类标准，如表1-1所示。

表1-1　品质目标的分类

分类标准	内容
按时间分类	（1）中长期品质目标 （2）年度品质目标 （3）短期品质目标

续表

分类标准	内容
按层次分类	（1）企业品质目标 （2）部门品质目标 （3）班组品质目标 （4）个人品质目标
按项目分类	（1）企业的总品质目标 （2）项目品质目标 （3）课题品质目标

二、品质目标的要求

（1）品质目标应建立在质量方针的基础上，在质量方针的框架内制定。品质目标既要保持先进性，又要有可实施性。

（2）品质目标是可测量的。

（3）品质目标的内容包括产品要求以及满足产品要求所需的资源、过程、文件和活动等。

（4）品质目标应分解到有关的职能部门。

三、品质目标的制定

1.找出问题点

问题点就是实现质量方针和品质目标必须解决的问题，包括不合格、缺陷、不足、与先进的差距等。

（1）问题点的来源。问题点的来源如图1-7所示。

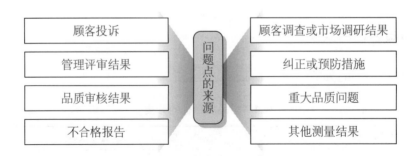

图1-7　问题点的来源

（2）确定问题点的方法如图1-8所示。

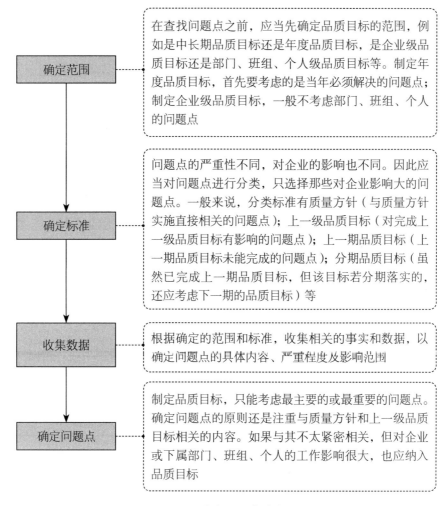

图1-8 确定问题点的方法

2.根据问题点制定品质目标

根据问题点确定的品质目标往往具体、有针对性,而且还有一定的挑战性,实施起来比较容易。

品质目标确定之后,还可以进一步细化为各部门、车间、班组和员工的具体目标。

表1-2与表1-3是某公司的品质目标。

表1-2 公司品质目标

项目	计算方法	指标	测量频次
顾客满意度	满意顾客数÷调查总数×100%	≥95%	次/月
产品合格率	抽检产品合格数÷抽检产品总数×100%	≥96%	次/月
备注	对顾客满意度应进行月度分解,并确立月度期望目标		

表 1-3 各部门品质目标

职能部门	品质目标	计算方法	测量频次
行政部	文件受控率＝100%	实际受控文件÷应受控文件	次/月
	行政、服务时效延迟数＜2	超出允许范围及时限完成的次数÷既定的行政、服务项目次数	次/月
海外市场部与国内市场部	顾客意见处理率100%	意见已处理次数÷顾客意见总数	次/月
	顾客满意率≥95%	满意的顾客人数÷调查反馈顾客总人数	次/月
	生产通知单下达及时准确率≥98%	（已下达生产通知单总数－错误下达生产通知单数）÷已下达生产通知单总数	次/月
	出货通知单下达及时率≥99%	（已下达出货通知单总数－迟下达出货通知单数）÷已下达出货通知单总数	次/月
	销售货款回笼及时率≥99.5%	按期已收货款总金额÷按期应收货款总金额	次/月
	客户资料、文件管理准确率≥99.5%	客户资料、文件管理准确数÷客户、文件总数	次/月
开发部	开发新产品项目≥15	每年开发的新产品项目数	次/年
	技术文件完整率≥99%	现有技术文件数÷应有技术文件数	次/月
	技术文件及时率≥99%	已出技术文件数÷应出技术文件数	次/月
	技术文件准确率≥99%	（已出技术文件总数－错误出技术文件数）÷已出技术文件总数	次/月
	文件受控率＝100%	实际受控文件÷应受控文件	次/月
	专用物料清单出具准确率≥99.5%	（物料清单出具总数－物料清单错误出具次数）÷物料清单出具总数	次/月
	专用物料清单出具及时率＝100%	专用物料清单及时出具数÷专用物料清单应出具总数	次/月
	计量器具管理完好、准确率≥99%	计量器具完好数÷在册计量器具总数	次/月
	生产通知单技术审核准确率＝100%	（生产通知单技术审核总数－生产通知单技术审核错误次数）÷生产通知单技术审核总数	次/月
	样办制作准确率、及时率＝100%	（应制作样办总数－样办制作错误、延迟次数）÷应制作样办总数	次/月
采购部	原材料一次验收合格率≥96%	一次验收合格原材料数÷验收总数	次/月
	原材料交付准时率≥98%	准时交付批次数÷总交付批次数	次/月
	材料价格≤99%×材料市场同期价格	采购材料的性价比是企业创造利润的关键	次/月
	采购文件管理完整率＝100%	现有采购文件数量÷应有采购文件数量	次/月

续表

职能部门	品质目标	计算方法	测量频次
采购部	物料库存数量100%符合物料安全库存标准	同期（物料实际库存数量÷核定的物料安全库存数量）=1	次/月
采购部	不合格材料退货及时率≥99.5%	及时处理退货单数÷评价期单退货总单数×100%	次/月
采购部	合格供应商开发数≥8	目标供应商数×开发成功率÷100	次/月
采购部	供应商开发资料完整率=100%	现有供应商开发资料数量÷应有供应商开发资料数量	次/月
品质部	产品抽检准确率≥98%	［产品抽检总批次数－产品抽检误（漏）检批次数］÷产品抽检总数（产品指来料、半成品或成品）	次/月
品质部	纠正/预防措施达成率≥98%	纠正（预防）措施达成数÷纠正（预防）措施总数	次/季
品质部	来料检验率=100%	来料检验批次数÷来料批次总数	次/月
品质部	首件产品检验率=100%	首件产品是否都进行检验	次/月
物控部	物料存储安全率≥99.5%	物料安全存储数÷物料存储总数	次/月
物控部	物料供给及时率≥99%	物料及时供给数÷计划供给数	次/月
物控部	产品交付及时率≥98%	产品及时交付次数÷产品全部交付次数	次/月
物控部	物料存储数据准确率≥99.5%	物料存储账目（系统）数据÷物料存储实物数	次/月
物控部	文件管理准确率≥99%	现有物控文件数量÷应有物控文件数量	次/月
模具部	模具维修及时率≥99%	已修理模具总数÷应修理模具总数	次/月
模具部	模具档案完整率≥99.5%	现有模具档案数量÷应有模具数量	次/月
模具部	模具保养及时率=100%	按期保养模具总数÷模具总数	次/月
模具部	模具开发、修复有效率≥99%	已开发模具总数÷应开发模具总数	次/月
模具部	模具出、入、存管理准确率=100%	模具是公司的重要资产，权责部门应确保管理到位	次/月
线路板部	生产设备完好率≥95%	生产设备完好数÷生产设备总数	次/年
线路板部	安全事故次数≤3	每年发生安全事故的次数	次/年
线路板部	生产计划、管理目标达成率≥99%	生产计划、管理目标达成的次数÷生产计划、管理目标总数	次/月
线路板部	半成品返工率≤1.5%	半成品返工数÷半成品生产总数	次/月
线路板部	文件管理准确率≥98%	现有线路板文件数量÷应有线路板文件数量	次/月

续表

职能部门	品质目标	计算方法	测量频次
注塑部	生产设备完好率≥95%	生产设备完好数÷生产设备总数	次/年
	安全事故次数≤3	每年发生安全事故的次数	次/年
	生产计划、管理目标达成率≥99%	生产计划、管理目标达成的次数÷生产计划、管理目标总数	次/月
	半成品返工率≤1.5%	半成品返工数÷半成品生产总数	次/月
	文件管理准确率≥98%	现有注塑文件数量÷应有注塑文件数量	次/月
装配部	生产设备完好率≥95%	生产设备完好数÷生产设备总数	次/年
	安全事故次数≤3	每年发生安全事故的次数	次/年
	生产计划、管理目标达成率≥98%	生产计划、管理目标达成的次数÷生产计划、管理目标总数	次/月
	成品返工率≤2%	成品返工批次数÷成品生产批次总数（或成品返工数÷成品生产总数）	次/月
	文件管理准确率≥98%	现有装配文件数量÷应有装配文件数量	次/月
人力资源部	培训合格率≥95%	培训合格人数÷培训总人数	次/半年
	员工流失率≤3%	员工流失人数÷（期末员工数+员工流失人数）	次/年

图1-9为某企业品质方针与目标展示。

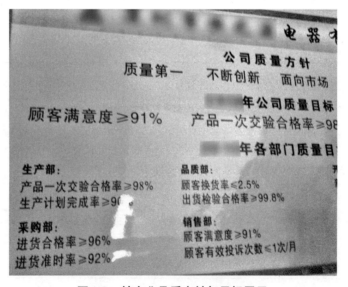

图1-9　某企业品质方针与目标展示

四、品质目标的落实

1.宣传和推广

为了让员工深入理解品质目标的内容,应当做好以下工作。

(1)及时公布企业的品质目标,应使用简洁易懂的语言,使员工一看就明白,一读就记住。

(2)将企业的品质目标层层展开,落实到具体部门及员工。

(3)将品质目标转化为员工的工作任务,激发员工的参与热情。

(4)对品质目标的落实情况进行考核,确保品质目标按时保质保量完成。

(5)采用多种形式宣传品质目标,例如学习、讨论、广播、标语、征文比赛、知识竞赛等。图1-10是以看板形式宣传品质目标。

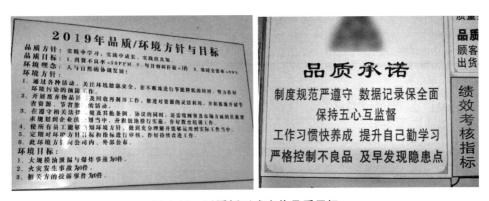

图1-10　以看板形式宣传品质目标

2.品质目标的落实

为了达成品质目标,应将品质目标转化为每个员工的工作任务。

(1)制定品质目标实现计划表,如表1-4所示。

表1-4　品质目标实现计划表

序号	项目	问题点	品质目标	措施	责任人	执行人	完成时间	备注

(2)将日常工作与品质目标相结合。

(3)建立完善的考核机制。

(4)在实施过程中,要注意各项工作的组织、协调和控制。

3.定期进行考核

对品质目标的完成情况，应定期进行考核。对于企业年度品质目标，至少在年中和年末进行两次考核；对于与正常工作直接相关的品质目标，则应按月进行考核，考核的要求如图1-11所示。

要求一 按月进行统计与考核
按月进行考核的品质目标一般涉及质量指标和其他生产经营指标，如销售额、顾客投诉率等。对于这些指标应每月统计，并与历史同期及预定目标进行对比

要求二 年中和年末考核
可以采取检查和考核两种方式。对品质目标中的质量管理工作，可以通过内部审核来检测，同时将审核结果与品质目标进行对比，以判断品质目标是否符合规定的要求

要求三 根据结果进行奖惩
（1）对品质目标完成较好的部门或人员，应给予奖励，以提高他们的工作积极性
（2）对完成不好的部门或人员，应查清原因、分清责任，并给予必要的惩处

图1-11 考核的要求

4.品质目标的评审

一般来说，年度品质目标的评审可以在年中进行，也可以在年末与管理评审同时进行，还可以开展一些临时性评审，如图1-12所示。品质目标评审应由企业最高管理者主持，有关部门负责人参与。

年中评审
年中评审主要包括两方面内容：一是评估品质目标的适宜性；二是解决品质目标落实过程中存在的问题

临时性评审
临时性评审的方法与年中评审相同，侧重点视突发问题的性质而定

图1-12 品质目标的评审

5.品质目标的修订

(1)品质目标需要修订的原因如图1-13所示。

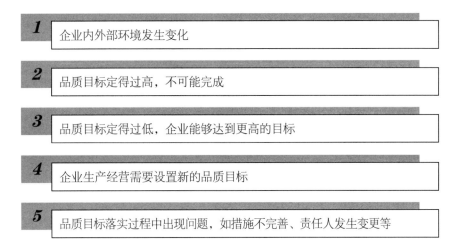

图1-13　品质目标修订的原因

(2)修订的注意事项。

品质目标修订时应注意图1-14所示的事项。

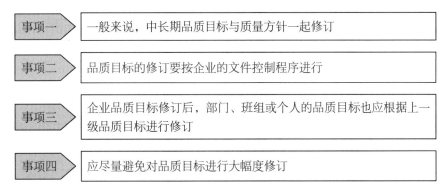

图1-14　品质目标修订的注意事项

第三节　品管人员的配置与管理

企业应根据实际情况确定品管部门和人员的配置,并采取一系列措施保障和完善品质管理活动的实施。

图1-15是某企业用看板展示品管部的组织架构。

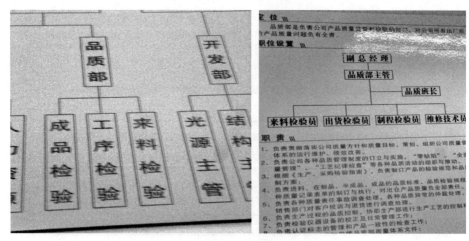

图1-15　用看板展示品管部组织架构

一、品管部门的职能

品管部门（品质管理部门）在企业中扮演着至关重要的角色，旨在通过科学的管理方法和手段，确保产品质量符合客户要求和市场标准，提升企业的竞争力和信誉度。表1-5是品管部门的主要职能。

表1-5　品管部门的主要职能

序号	职能	说明
1	制定品质标准与规范	制定产品的品质标准、检验规范、作业指导书等文件，确保所有生产活动都有明确的品质要求和操作指南
2	原材料与供应商管理	对原材料进行质量检验，确保原材料符合生产要求；同时，对供应商进行品质评估与监控，促进供应商提升品质，保障供应链的稳定性和可靠性
3	生产过程品质控制	在生产过程中实施品质监控，包括首件检验、巡回检验、成品检验等，及时发现并纠正生产过程中的品质问题，防止不良品流入下一道工序或市场
4	品质数据分析与改善	收集、整理和分析品质数据，如不良品率、缺陷类型等，并运用统计方法和工具进行品质分析，找出品质问题的根本原因，并制定改进措施，推动品质持续改进
5	品质培训与意识提升	组织品质培训，提升员工的品质意识和操作技能，确保员工能够按照品质标准和规范进行作业；同时，加强内部沟通，营造全员参与品质管理的良好氛围
6	客户投诉处理与反馈	处理客户投诉，分析客户投诉的原因，提出解决问题的方案，并跟踪实施效果，同时将客户投诉信息反馈给相关部门，促进产品和服务持续提升

续表

序号	职能	说明
7	品质体系建立与维护	根据企业实际情况，建立和完善品质管理体系，如ISO 9001国际标准认证体系，确保品质管理工作的系统性和规范性；同时，定期对品质体系进行内部审核和管理评审，确保品质体系有效运行并得到持续改进
8	品质成本分析与控制	对品质成本进行核算和分析，识别品质成本的主要构成和影响因素，提出降低品质成本的措施和方法，实现品质与成本的平衡

二、品管部门的架构

由于企业规模不同，品管部门的基本形态也有所差异。

1. 较大企业的品管部门

较大企业品管部门的组织架构如图1-16所示。

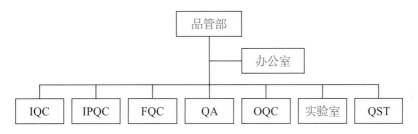

注：相关术语详见第二章的内容。

图1-16　较大企业品管部门的组织架构

2. 中小企业的品管部门

中小企业品管部门的组织架构如图1-17所示。

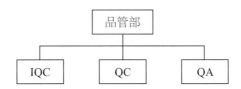

图1-17　中小企业品管部门的组织架构

三、品管人员的配置

企业品管部门的人员配置如表1-6所示。

表1-6 品管部门的人员配置

序号	职务	人数	具体工作内容
1	品质主管	1人	负责品质规划、人员调配等
2	品质标准制定（品质工程师）	1人	负责产品品质标准的制定与日常产品品质的稽核
3	品质问题统计	1人	负责品质数据的统计与品质问题的分析
4	来料检验	由企业来料数额决定	负责来料检验
5	成品检验	2～3人	负责成品检验，大部分采用抽检的形式
6	制程检验	由企业规模决定	负责制程检验
7	产品化验员	2人为宜	负责企业物料的化验
8	产品认证	可由品质标准工程师兼职	负责产品认证
9	内审	可由品质标准工程师兼职	负责企业品质内审
10	计量员	可由品质标准工程师兼职	负责企业计量仪器管理

四、品管人员的管理

1.明确人员的职责和权限

一般情况下，对部门管理人员及一般员工，都应明确岗位职责和权限。表1-7为某企业品质部所属各岗位的职责。

表1-7 某企业品质部所属各岗位职责

部门或岗位	职责
品质经理岗	（1）统筹安排品质部的各项工作 （2）建立健全品质管理体系 （3）评估企业品质工作执行效果 （4）组织开展品质稽核 （5）考核所属岗位人员的工作
品质稽核岗	（1）核查品质运行体系 （2）调查与分析客户投诉的原因 （3）跟踪、反馈改善措施的实施情况 （4）对每日品质信息进行统计 （5）对所有品质问题进行分析 （6）实施品质改进计划
品质工程师岗	（1）制程品质控制能力分析与品质改良分析 （2）参与新产品的开发与试制，制定新产品品质标准

续表

部门或岗位	职责
品质工程师岗	（3）制定进料、在制品、成品品质检测规范 （4）品管方法与统计技术的设计 （5）研究品质异常 （6）制作品检样品 （7）对客户投诉的品质问题进行调查、分析、改善 （8）量规、检验仪器的校正与控制
品检主管岗	（1）制定品检计划 （2）拟制表单与程序 （3）签署品质鉴定与审核意见 （4）协助品质部经理完成各项工作 （5）保管工序的测试报告 （6）对工序检验中发现的不合格项进行纠正，控制不合格品转序 （7）对所属人员的工作进行督导、评价 （8）向品质部经理提出改善工作的方法，避免不合格现象重复发生
品质统计岗	（1）收集、汇总、分析品质资料 （2）编制品质报告 （3）归档部门文件 （4）设计品质控制图 （5）对品质成本进行分析 （6）对品质统计技术进行研究与分析
进料检验岗	（1）开展进料检验 （2）识别和记录进料品质问题，拒收不合格材料 （3）验证纠正措施的实施效果 （4）配合品质部各岗位的工作 （5）保管与维护检验仪器
制程检验岗	（1）执行生产线巡回检验程序 （2）识别和记录产品品质问题 （3）拒收不合格品 （4）对制程中的问题点进行研究与分析 （5）管理检验仪器 （6）配合品质部各岗位的工作
装配检验岗	（1）装配制程巡回检验及异常品质追查 （2）抽查装配过程领用库存成品的操作 （3）对装配品质控制能力进行分析与控制 （4）对现场作业（操作）提出修正意见与建议 （5）研究与分析装配过程中的问题点 （6）记录品质状况

续表

部门或岗位	职责
出货检验岗	（1）执行出货检验程序 （2）识别和记录成品品质问题 （3）管理检验仪器 （4）拒收不合格成品 （5）验证纠正措施的实施效果 （6）放行检查合格的成品

2. 组织培训与考核

定期组织员工参加专业培训，确保他们掌握最新的质量标准和操作流程。同时开展考核，促进员工不断提升业务技能。

3. 有效沟通与协作

各部门保持良好的沟通，团结协作，不断提高工作效率，确保整个生产过程顺利进行。

4. 建立激励机制

通过奖励、晋升等正面激励措施，表彰工作业绩突出的员工，激发员工的积极性与创造力，并为其他员工树立榜样，鼓励全员积极参与品质管理。

第四节 配备品质管理文件

为了有效实施品质管理，企业必须配备各类管理文件（管理工具）。品质管理文件依照企业的规模或组织结构配制，要求简单形式，分类整理。某企业部分品质管理文件如图1-18所示。

图1-18 某企业部分品质管理文件

一、品质管理文件的种类

常见的品质管理文件如表1-8所示。

表1-8 常见的品质管理文件

类型	内容
规格类	材料规格、零件规格、半成品规格、制品规格、机器装置规格、工具规格、测量仪器规格、辅助材料规格、制图规格等
标准类	品质标准书、设计标准书、作业标准书、作业指导书、技术标准书、工程管理标准书、检查作业标准书等
规定类	组织规定、品质会议规定、技术会议规定、品管委员会规定、新制品委员会规定
手续类	不良品处理手续、客户投诉处理手续、品质信息统计手续等
记录、报告等	品质管理工程图、解析计划书、客户投诉受理单、客户投诉处理月报表等

二、品质管理文件配备的要求

（1）责任与权限必须明确。

（2）适用范围必须明确。

（3）不增加工作量。

（4）不降低工作速度。

（5）能协助解决问题。

（6）简明扼要（最好能以流程图来表示）。

（7）文件的形式，以及文件的传递与保管必须明确。

（8）便于修改。

三、品质管理文件配备的注意事项

品质管理文件配备的注意事项如表1-9所示。

表1-9 品质管理文件配备的注意事项

序号	考虑事项	要求	结果
1	品质管理的所有阶段是否都配备标准化文件	品质设计、抽样、测定、异常值判断、异常现象探究，原材料采购、入库、保管、出库，生产计划制订，不良品处理，成品运输、销售等环节都有标准化文件	

续表

序号	考虑事项	要求	结果
2	标准化文件是否合理且客观性	（1）能指导具体行动 （2）以对各项资料的客观分析为依据 （3）不会产生歧义 （4）切合实际 （5）能对不良品质进行防范 （6）能对异常情况处置提供指导 （7）以书面形式呈现	
3	标准文件与企业的关系如何	标准文件必须是指导企业各部门具体行动的基准，如明确责任与权限的文件	
4	文件是否简单易懂	以条文的方式记载或以流程图来表示	
5	是否进行标准文件的培训	应对标准文件的使用、执行开展培训	
6	文件修订是否依照程序进行	标准文件的修订应履行相关手续	
7	对标准文件的实施效果是否进行调查	应定期、不定期地调查标准文件的实施效果，并在相关文件中予以标注	

第五节　制定品质检验标准

品质检验标准是品质管理的基础，企业必须结合实际情况制定，并确保其具有很强的可操作性。

一、检验标准的分类

1. 内部检验标准

内部检验如工序检验、制程检验等，通常采用全数检验法，检验标准包含检验项目、规格、检验方法。在入库前，有些产品还需做可靠性试验（抽检）。

2. 外部检验标准

对外购材料或委托加工、生产的产品检验，通常涉及质量标准、权利与义务等，所以检验标准必须有较完整的条款，并在合同中予以反映，以免以后交货时发生争议。

此类检验通常采用抽样检验，检验标准包含检验项目、检验方法、量具标准、包装标准等内容。

二、检验标准的内容

（1）明确检验标准的制定目的。

（2）列明检验标准的内容，如表1-10所示。

表1-10　检验标准的内容

项目	标准内容
适用范围	列明适用于何种进料（含加工品）或成品的检验
检验项目	将检验项目，一一列出
质量基准	明确各检验项目的质量基准，如无法用文字说明，则用限度样本来表示
检验方法	列明各检验项目分别使用何种检验仪器及检验方法。如某些项目委托其他机构代为检验，也应注明
抽样计划	列明抽样计划表，例如，计数值用MIL-SID-105D、计量值用MIL-STD-414
取样方法	必须在群体中随机地抽取样本，如乱数表法。但群体中各制品无法编号，则可从群体中任何部位平均抽取样本
检验后的处置	（1）对于进料（含加工品），如果检验合格，则通知仓储人员办理入库手续；如果不合格，则通知采购单位按规定处置 （2）对于成品，如果检验合格，则入库或出货；如果不合格，则退回生产部门处理
其他注意事项	（1）按规定的顺序来检验各项目 （2）必要时可将制品的蓝图或略图，置于检验标准中 （3）详细记录检验结果

（3）检验标准的制定与修订，由工程部门、质量管理部门负责。

三、品质标准的制定

1.品质标准的制定要求

产品品质标准是在客户认同的基础上，根据企业实际生产条件而制定的。同时，要有客观的依据，必要时可进行破坏性试验获取数据。

2.品质标准的内容

品质标准的内容如图1-19所示。

1 产品品质检测文件，包括产品名称、规格及图示，检测方法、条件、检测设备及工具，品质评定标准等内容

2 产品实物样板

3 产品质量符合性指标，包括化学的、物理的指标和参数

图1-19　品质标准的内容

3.物料品质（检测）标准制定

（1）物料品质的含义。

物料品质是指物料的成分、尺寸、外观、强度、颜色等特性，可分为物理的、化学的、外观的品质特性，是物料验收的依据及产品品质的保证。若物料的基本特性无法用文字表达，则应以实物样品来表示。

（2）物料品质标准的适宜性。

品管部门在制定物料品质标准时，应参考技术部、采购部、生产部等部门的意见。

一般而言，一个适宜的物料品质标准既能保证生产需求、降低生产成本；又是供应商经过努力就能达到的。

（3）物料品质标准的基本内容包括物料品质（检验）标准表、实物样品等。

4.品管检验作业标准的制定

品质检验作业标准是指导品检工作的书面文件（见图1-20），明确规定了品质控制的职责、权限及作业方法。

检验/作业指导书
品管作业指导书与生产作业指导书一样，是品管人员进行岗位操作的指导性文件，确保品管人员合规作业

品管程序文件
品管作业指导书和品管程序文件的主要区别在于：前者是告诉品管人员"如何履行自己的岗位职责"，后者则是明确相关工作的接口

图1-20　品管检验作业标准

为了加强品质控制力度，企业应制定以下程序文件。

（1）进料检验程序。

（2）制程检验程序。

（3）半成品检验程序。

（4）装配制程检验程序。

（5）成品最终检验程序。

（6）出货检验程序。

（7）其他品管作业规定，如报废程序、退货程序、客户投诉处理程序等。

第二章
品质管理应知应会

第一节 质量管理认知

在当今社会,质量管理不再是减少错误,而是创造价值。质量管理是制造业的关键环节,出现质量问题不仅会损害企业形象,还会对消费者造成危害。

一、什么是质量

质量是反映实体满足用户明确或隐含需要的特征和特性的总和。

(1)实体是可单独描述和研究的事物,分为图2-1所示的几类。

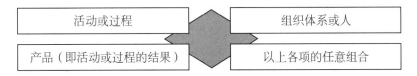

图2-1 实体的类型

(2)明确的需求是法律法规或合同中列明的条件,隐含的需求则是相对明确的需求而言的。需求包括图2-2所示的内容。

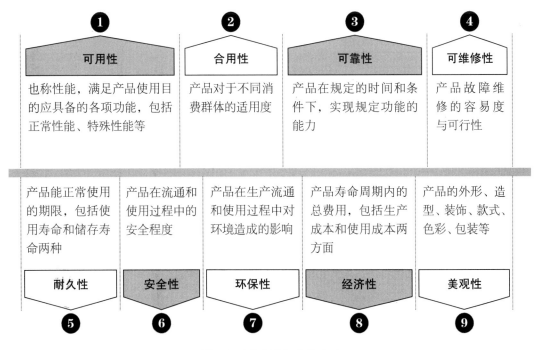

图2-2 需求所包含的内容

二、产品质量的形成过程

1. 质量螺旋上升

产品的质量是一个从设计、生产到实现的过程。美国质量管理专家朱兰率先用一条螺旋式上升的曲线来表示该过程,称为"朱兰螺旋曲线",如图2-3所示。

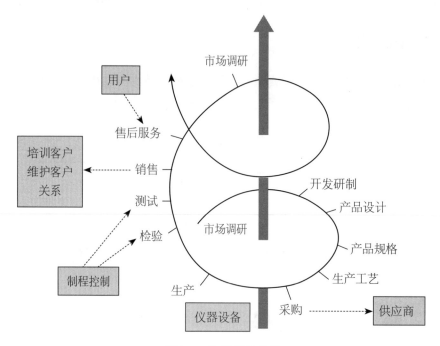

图2-3 朱兰螺旋曲线

朱兰螺旋曲线包括一系列工作或活动,如市场调研、开发研制、产品设计、规格确定、工艺设计、采购、生产、检验、测试、销售以及售后服务等。这些环节一环扣一环,相互制约,相互依存,相互促进,周而复始。每经过一次循环,就意味着产品质量得到一次提升。

螺旋式上升过程中各项工作或活动的总和称为质量管理职能,是确保产品质量的关键,必须落实到具体的部门和人员。

2. 质量环

与朱兰螺旋曲线类似的还有质量环,如图2-4所示。

质量环是从认识市场需求到评定这些需求的各个阶段,影响质量的相互作用的各项活动的理论模式,涵盖了从了解用户要求到实现用户要求的产品全生命周期。质量环可以为企业建立质量体系提供理论基础和依据。

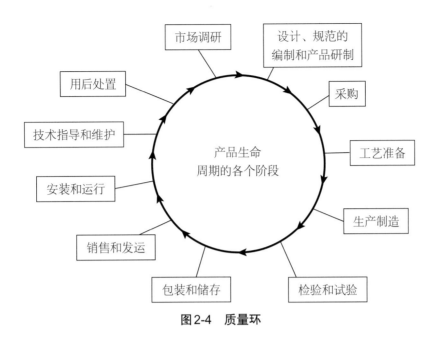

图2-4 质量环

三、质量管理的特点

对企业而言，质量管理是在一定的技术条件下，为提高产品质量所进行的一系列经营管理活动的总称。具体来说，质量管理具有图2-5所示的特点。

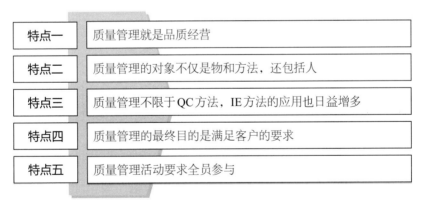

图2-5 质量管理的特点

1.质量管理就是品质经营

传统的质量管理是以工程品质为主体。但是，引入ISO 9000体系后，对品质保证已成为重要的工作。因此，质量管理已演变成品质经营，包含品质保证和质量管理两部分。

2.质量管理的对象不仅是物和方法，还包括人

一说到质量管理，人们马上想到工程的质量。以往的质量管理有两大要素，即"设

计的品质"和"做出来的品质",后者是质量管理的基本使命。但当今的质量管理范围已扩大到产品、方法以及人,管理的最终结果是令客户满意。

3.质量管理不限于QC方法,IE方法的应用也日益增多

质量管理仅使用QC(Quality Control)方法还远远不够。为实现提高品质、降低成本和提高生产效率的目的,还要灵活运用IE(Industrial Engineering)方法,从工程分析的角度着手。

4.质量管理的最终目的是满足客户的要求

质量管理的最终目的就是让客户满意。要想使客户满意,提高物品、人、方法的品质尤为重要。

5.质量管理活动要求全员参与

质量管理已成为品质经营,质量管理的范围也由物品扩大到方法和人,因此质量管理活动已不是质量管理部门的职责,企业内部所有的部门和人员都应参与。

四、质量管理措施

智能制造是当今制造业发展的趋势,通过信息技术、物联网、大数据等手段实现生产的智能化、数字化、自动化、灵活化。智能制造不仅能够提高生产效率和质量,还能够降低成本和环境污染。企业在智能制造的驱动下,应更加重视质量战略,使质量控制从事后把关向事前预防转变,超越客户的期待。而作为品管员,有必要顺应时代的发展,掌握图2-6所示的质量管理措施。

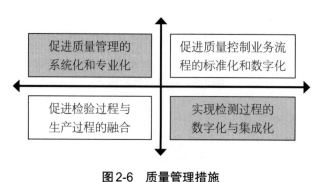

图2-6 质量管理措施

1.促进质量管理的系统化和专业化

当今的质量管理,总体上呈现两大趋势:一是逐步向系统化管理方向发展,如运用

ISO 9001、精益管理、卓越绩效等方法，解决系统化的质量问题；二是逐步向专业化方向发展，在检验方法、新老七种工具、统计过程控制（Statistical Process Control，简称SPC）等的基础上，运用工业工程、六西格玛、QFD（Quality Function Deployment，质量功能展开）、FMEA（Failure Mode and Effect Analysis，失效模式和效果分析）、DOE（Design of Experiment，试验设计）等质量工程技术方法，解决具体的专项质量问题。

在智能制造时代，既要实现产品全生命周期的质量协同，也要促进内外部相关方的管理协同，复杂的质量管理系统和高质量发展目标，离不开全面质量管理理论和专业化方法的支撑。

2. 促进质量控制业务流程的标准化和数字化

企业应做好质量管理信息化工作，实现质量控制主要业务流程的标准化和数字化。在产品状态管控、质量信息处理、用户信息反馈与跟踪、供应商评价与管理等方面，推进相应模块内容的定制开发，成为企业ERP系统（企业资源计划，Enterprise Resource Planning的简称）、MES系统（Manufacturing Execution System，制造企业生产过程执行管理系统）的主要运行内容。同时在此基础上推进大数据技术的广泛应用，快速找到质量管理的薄弱环节，为质量改进提供准确可靠的依据。

3. 促进检验过程与生产过程的融合

检验过程是质量控制过程和产品实现过程不可缺少的环节。企业应将检验过程纳入企业MES系统中，统一规划产品实现过程的每一个环节，平衡各个环节的资源需求，保证生产过程顺利实现。对于检验过程，在质量受控的前提下优化检验工序，提高生产效率；同时自动编制检验规程，实现检验数据共享。企业MES系统中的质量控制节点如图2-7所示。

4. 实现检测过程的数字化与集成化

企业可以开发面向智能制造的三维数字化检测系统，以MBD（Model Based Definition，基于模型的定义）三维模型作为唯一的检测依据与信息载体，构建涵盖三维检测规程编制、数字化检测设备驱动、检测过程仿真与优化、检测任务与流程管理、检测数据采集、检测数据分析与评价等核心业务的集成应用系统。在三维CMM（Capability Maturity Model for Software，能力成熟度模型）环境中，直接根据设计和制造要求，通过定义检测方法自动生成包括几何特征、公差定义、检测路径在内的检测程序，可节省编程时间。三维实体仿真模型可用来验证和优化检测程序，避免出现撞针等问题。

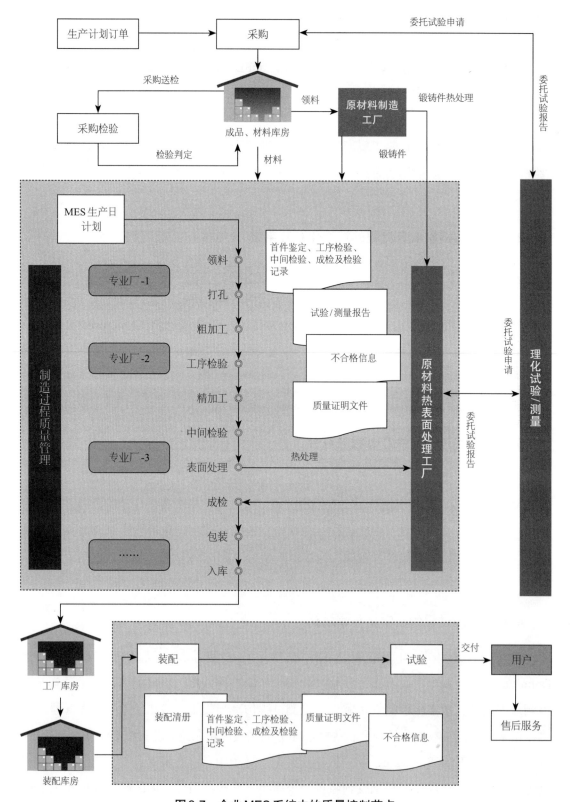

图2-7 企业MES系统中的质量控制节点

可通过融合数字化检测设备（如三坐标数控测量机、激光跟踪仪、三维照相测量设备、数显卡尺等）与手段，基于三维检测规划驱动检测业务的执行，完成检测数据的采集，并把采集到的数据实时传到企业IQS（Incident Qualification System，集成质量系统）服务器，完成数据的统计分析、比对、判断，同时将质量结果第一时间传到企业各个部门共享，实现检测业务的数字化、可视化与集成化。设计部门、工艺部门和生产管理部门可以根据质量数据和实际需求进行调整，获得稳定的质量水平。通过检测过程的数字化与集成化，可以让检验人员更专注于测量工作，从根本上解决传统方式存在的检测效率低、人为操作出错率高等问题，实现检测技术质的飞跃。

五、与质量管理相关的术语

1. QC

QC（Quality Control），中文意思是质量控制，起源于20世纪20年代的美国。当时，随着大规模生产和流水线的出现，企业开始注重生产过程中的质量控制。QC的目的是通过一系列质量检测和控制手段，确保产品的质量符合既定的标准和要求。QC主要关注生产过程中的质量控制，通过检测、统计和分析，及时发现并解决存在的质量问题。

根据对应阶段QC可分为图2-8所示的四类。

IQC（Incoming Quality Control，来料质量控制）
是指对进入企业的原材料、组件或半成品进行的质量控制，目的是确保所接收的材料符合质量要求，通常在材料或零件投入生产之前进行

IPQC（In-Process Quality Control，制程质量控制）
是在制造过程中实施的质量控制活动，目的是在生产过程中及时发现问题，防止不良品流入下一道工序，以此确保最终产品的质量

FQC（Final Quality Control，成品质量控制）
是对已经完成生产等待包装的产品进行的检验，是产品出厂前对企业其性能、外观等进行的全面检测

OQC（Out-going Quality Control，出货质量控制）
是指在产品发给客户之前进行的最终检验，以确保发出的产品完全符合客户的要求

图2-8　QC的分类

通过实施QC，企业可以提高生产过程中的质量控制水平，降低不良品率，减少生产过程中的浪费和损失。同时，还可以及时发现并解决质量问题，提高生产效率和产品质量，降低生产成本和客户投诉率。

> **小提示**
>
> 质量检验从属于质量控制，在企业内，质量控制工作通常由质量检验员和质量工程师（Quality Engineer，简称QE）负责。

2. QA

QA（Quality Assurance），中文意思是质量保证，起源于20世纪60年代的美国。当时，为了确保产品的质量和可靠性，企业开始注重质量管理体系的建设。QA的目的是通过一系列质量管理手段和方法，确保产品的质量符合客户和市场的需求，并为企业赢得客户的信赖。QA涵盖了产品整个生命周期的质量管理，包括产品策划、设计、生产、销售等环节。

通过实施QA，企业可以建立完善的质量管理体系，提高产品的稳定性和可靠性，降低生产成本和维修成本，增强客户满意度和忠诚度。同时，还可以建立良好的质量文化，提升企业的品牌形象和市场竞争力。

3. QM

QM（Quality Management），中文意思是质量管理，是以质量为出发点，开展的计划、组织、协调、控制等管理行为。一般包括图2-9所示的几项内容。

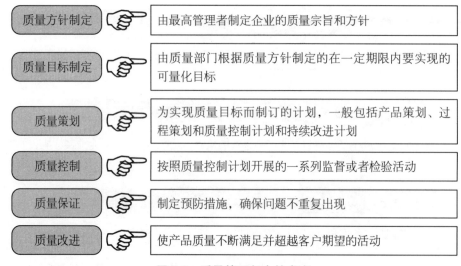

图2-9　质量管理包含的内容

4. QC、QA、QM之间的关系

QM包含了QA和QC，可以将QA和QC联系在一起，QC的输出通常是QA的输入，具体如图2-10所示。

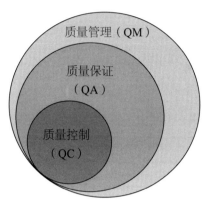

图2-10　QC、QA、QM之间的关系

5. QC、QA、QM的区别

具体来说，QC、QA、QM三者的区别如表2-1所示。

表2-1　QC、QA、QM的区别

项目	QC	QA	QM
定义	质量控制	质量保证	质量管理
目的	控制产品质量	保证过程能力	确保可持续发展
范围	产品	过程	体系
人员	员工	主管	高层
时期	短期	中期	长期
职责	检验	预防	管理

（1）目的不同，具体如表2-2所示。

表2-2　QC、QA、QM的目的不同

项目	区别点	具体说明
QC	控制产品质量	主要关注产品质量的检验和控制，目的是识别和纠正不合格品，确保产品达到技术规范和标准
QA	保证过程能力	主要关注质量管理体系的建立和维护，目的是确保产品质量满足既定标准和客户需求
QM	确保可持续发展	核心目的不仅是满足产品的技术和功能要求，同时还要提高顾客满意度，甚至是超越顾客的期望，确保持续发展

（2）范围不同。QC面向的是具体的产品；QA面向的是体系的各个过程；QM面向的是整个体系管理的系统方法。

（3）执行人员不同。QC的执行人是检查员；QA的执行人是工程师及中层管理人员；QM的执行人是高层管理人员。

（4）时期不同。QC是短期事件；QA是中期事件，企业应注重事件前期及后期的稳定性，属于战术问题；QM是长期事件，企业应长远考虑，用战略的眼光看问题。

（5）职责不同，具体如表2-3所示。

表2-3 QC、QA、QM的职责不同

项目	区别点	具体说明
QC	检验	依据作业指导书对产品各项性能指标进行检验
QA	预防	通过各种质量控制工具，使产品的质量满足客户要求
QM	管理	通过内外部审核、持续改进等方式实现

第二节 质量检验认知

作为一名品管员，应对质量检验的相关概念、专业术语等了如指掌，这样才能看得懂企业文件，才能与同事无障碍沟通，才能胜任自己的工作。

一、质量检验的定义

1. 什么是检验

检验是对实体的一个或多个特性进行测量、检查、试验或度量，并将结果与要求进行比较，以确定实体质量是否合格。

2. 什么是质量检验

质量检验就是对产品的一个或多个质量特性进行观察、测量、试验，并将结果和质量要求进行比较，以确定产品质量是否合格。

二、质量检验的基本任务

质量检验的基本任务如图2-11所示。

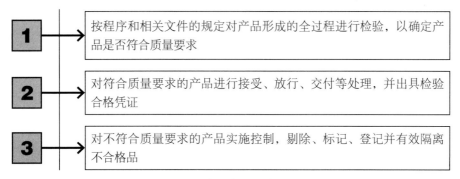

图2-11　质量检验的基本任务

三、质量检验的主要作用

质量检验的主要作用如图2-12所示。

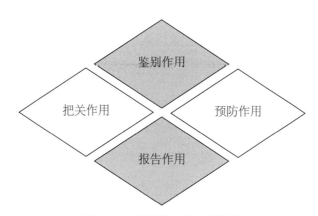

图2-12　质量检验的主要作用

1. 鉴别作用

根据技术标准、产品图样、作业（工艺）规程或订货合同的规定，采用相应的检测方法观察、试验、测量产品的质量特性，判定产品质量是否符合规定的要求，这就是质量检验的鉴别作用。

2. 把关作用

质量把关是质量检验最重要、最基本的作用。产品的实现往往是一个复杂过程，影响质量的各种因素（人、机、料、法、环）都会在这个过程发生变化，各过程（工序）不可能始终处于相同的技术状态，质量波动是客观存在的。因此，必须通过严格的质量检验，剔除并隔离不合格品，确保不合格原材料不投产、不合格中间产品不转序、不合格成品不交付（销售、使用），严把质量关。

> **小提示**
>
> 鉴别是把关的前提，通过鉴别才能判断产品质量是否合格。不进行鉴别就不能确定产品的质量状况，也就难以实现质量把关作用。

3. 预防作用

现代质量检验不单纯是事后把关，还同时起到预防的作用。质量检验的预防作用体现在图2-13所示的几个方面。

通过过程（工序）能力测定或控制图起到预防作用	通过过程（工序）作业的首检与巡检起到预防作用	广义的预防作用

图2-13　质量检验的预防作用

（1）通过过程（工序）能力测定或控制图起到预防作用。无论是测定过程（工序）能力或使用控制图，都需要通过产品检验取得数据。但这种检验的目的，不是判定一批或一组产品是否合格，而是计算过程（工序）能力的大小及反映过程的受控状态。通过检验如果发现能力不足或出现了异常因素，需及时采取有效措施，恢复过程（工序）的稳定状态，预防不合格品产生。

（2）通过过程（工序）作业的首检与巡检起到预防作用。当一个班次或一批产品开始作业或加工时，一般应进行首件检验，只有当首件检验合格时，才能正式投产。此外，当设备调整后开始作业（加工）时，也应进行首件检验，目的是预防成批出现不合格品。而正式投产后，也应定时或不定时到作业现场进行巡检，一旦发现问题，及时采取措施予以纠正。

（3）广义的预防作用。实际上，对原材料和外购件的检验、对中间产品转序或入库前的检验，既起到把关的作用，又起到预防的作用。前一过程（工序）的把关，就是对后一过程（工序）的预防。运用现代数理统计方法对检验数据进行分析，就能发现质量变异的特征和规律，从而预防不稳定生产状态的出现。

4. 报告作用

为了使相关部门及时掌握产品实现过程中的质量状况，评价和分析质量控制的有效性，可将检验获取的数据和信息，经汇总、整理、分析后编写成报告，为质量控制、质量改进、质量考核以及质量决策提供重要依据。

一般来说，质量报告主要包括图2-14所示的内容。

内容一 ▶ 原材料、外购件、外协件的验收情况

内容二 ▶ 过程检验、成品检验的合格率、返修率、报废率和等级率，以及相应的废品损失金额

内容三 ▶ 按产品组成部分（如零、部件）或作业部门统计的合格率、返修率、报废率及相应废品损失金额

内容四 ▶ 产品报废原因的分析

内容五 ▶ 重大质量问题的调查、分析和处理意见

内容六 ▶ 提高产品质量的建议

图2-14 质量报告包含的内容

四、质量检验的步骤

一般来说，质量检验的步骤如图2-15所示。

图2-15 质量检验的步骤

1.检验前的准备

通常来说，检验前的准备工作如表2-4所示。

表2-4 质量检验前的准备工作

序号	准备事项	具体说明
1	熟悉相关规定	应熟悉检验标准和技术文件规定的质量特性和具体内容，确定测量的项目和数值。有时需要将质量特性转化为可直接测量的物理量；有时需要采取间接测量方法，换算后才能得到检验需要的数值；有时则需要有标准实物样品（样板）作为测量的依据
2	选择检验方法	应确定检验方法，选择符合检验要求的计量器具和仪器设备。确定测量、试验的条件及检验实物的数量，对于批量产品还需要确定抽样方案
3	制定检验规范	将检验方法和方案用文字形式反映出来，制定规范化的检验规程（细则）、检验指导书，或绘制成检验流程卡、工序检验卡等

在检验的准备阶段，根据需要可对检验人员进行相关知识的培训和考核。

2. 测量或试验

应按已确定的检验方法和方案，对产品质量特性进行定量或定性的观察、测量、试验。测量和试验前后，检验人员需要确认检验仪器设备和检验物品的状态，确保测量和试验数据的正确性、有效性。

3. 记录

对测量的过程、测量的数值应用规范化的格式予以记载或描述，以作为质量的证据。质量检验资料的记录要求如图2-16所示。

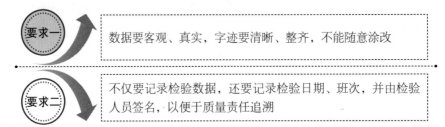

图2-16　质量检验资料的记录要求

4. 比较和判定

由专职人员将检验结果与相关指标进行对照比较，确定被检验产品的各项特性是否符合质量要求。

5. 确认和处置

检验人员应对检验记录和检验结果进行签字确认。

（1）对合格品，准予放行并及时转入下一作业过程（工序），或准予入库、交付（销售、使用）。对不合格品，做出返修、返工、让步接收或报废等处置。

（2）对批量产品，根据检验结果分别做出接收、拒收、复检等处置。

五、质量检验的类别

质量检验是质量控制最常用、最基本的手段。作为品管员，应对检验类别了如指掌，并灵活运用到日常质量管理工作中。

1. 按生产过程分类

按生产过程可将质量检验分为表2-5所示的几类。

表2-5　质量检验按生产过程分类

序号	类别	具体说明
1	进料检验	也称来料检验，是企业对所采购的原材料、外协件、配套件、辅助材料、配套产品以及半成品等进行的入库前质量符合性检查
2	过程检验	也称工序检验，是对产品形成过程中一个或多个过程（工序）生产的中间产品、成品进行观察、试验、测量等，确定其是否符合质量要求
3	最终检验	是对最终产品所进行的检验。最终检验是产品质量控制的重点，也是产品放行、交付（销售、使用）、使用的重要依据

2.按检验场所分类

按检验场所可将质量检验分为表2-6所示的几类。

表2-6　质量检验按检验场所分类

序号	类别	具体说明
1	固定场所检验	固定场所检验是在产品加工的场所、工地等设立的固定检验站进行的检验。检验站可以设立在作业班组、设备集中之处和工地；也可设置在产品流水线、生产终端作业班组、工段。完工的中间产品、成品应集中送到检验站按规定进行检验
2	流动检验（巡回检验）	流动检验是检验人员到产品作业场地、机群处进行的检验。这种检验有局限性，一般适用于检验工具要求简便、精度要求不高的不适宜搬运的产品

3.按检验产品的数量分类

按检验产品的数量可将质量检验分为表2-7所示的几类。

表2-7　质量检验按被检验产品的数量分类

序号	类别	具体说明
1	全数检验	对全部单一成品、中间产品进行逐个（台）检验即为全数检验，又称为百分之百检验 全数检验的适用范围是：小批量、多品种、重要或价格昂贵的产品；手工作业比重大、质量不够稳定的作业过程（工序）；重新检验的不合格产品等
2	抽样检验	抽样检验是按照抽样方案，随机地从一批或一个过程中抽取少量个体（构成一个样本）进行的检验，以确定一批产品或一个过程是否符合要求 抽样检验的适用范围是：不可能全数检验的项目（如破坏性检验、化学反应试验）；生产批量大、自动化程度高、产品质量比较稳定的作业过程；检验费用昂贵且少量不合格不会造成重大经济损失的产品（一般用途的标准联接件，如螺钉、螺母、垫圈等）

4.按检验执行人员分类

按检验执行人员可将质量检验分为表2-8所示的几类。

表2-8　质量检验按检验执行人员分类

序号	类别	具体说明
1	自检	即作业（操作）者本人对本作业（操作）过程进行的产品质量自我检查，可以判断本过程产品质量是否符合要求；区分合格品与不合格品；了解本过程是否受控。自检一般只能做感官检查，有一定的局限性
2	互检	是相邻作业过程的作业（操作）人员对对方作业过程进行的检查。互检可以及时发现质量问题，并采取纠正措施
3	专检	是专职检验人员对产品所需物料及产品加工过程（工序）进行的检验 专职检验人员熟悉产品的技术要求、质量特性、作业（操作）规程，掌握相应的检验技能，使检验结果更准确可靠

> **小提示**
>
> 通常，对外购物料、成品的检验，以及质量特性要求较高、检测技术复杂、操作难度较大、贵重物品的检验均以专检为主。产品生产过程的一般检验可以采用自检、互检。

5.按对产品的损害程度分类

按对产品的损害程度可将质量检验分为表2-9所示的几类。

表2-9　质量检验按对产品的损害程度分类

序号	类别	具体说明
1	破坏性检验	破坏性检验是指将被检样品破坏（如在样品本体上取样）后才能进行检验；或者在检验过程中，被检样品必然会损坏和消耗。破坏性检验包括零件的强度试验、电子元器件的寿命试验、电器产品的周期湿热试验、纺织品或材料的强度试验等。进行破坏性检验后，样品一般会失去原有的使用价值，无法进行重复检验
2	非破坏性检验	非破坏性检验是指检验后被检样品不会受到损坏，或者稍有损耗但产品质量不发生实质性变化，不影响正常使用。非破坏性检验可对同一样品进行重复检验。产品的性能检验、过程检验都是非破坏性检验

6.按检验目的分类

按检验目的可将质量检验分为表2-10所示的几类。

表2-10　质量检验按检验目的分类

序号	类别	具体说明
1	生产检验	生产检验是指企业对产品生产过程中的各个阶段所进行的检验。生产检验的目的是确保企业所生产产品的质量符合要求
2	验收检验	验收检验是客户（需方或使用方）对企业（供方或生产方）提供的产品所进行的检验。验收检验的目的是确保客户收到合格的产品
3	监督检验	监督检验是政府主管部门授权的独立检验机构，从市场抽取商品或直接从企业抽取产品进行的检验。监督检验的目的是对投入市场的产品质量进行控制
4	验证检验	验证检验是指政府主管部门授权的独立检验机构，从企业生产的产品中抽取样品进行检验，以确定企业的产品是否符合质量标准的要求
5	仲裁检验	仲裁检验是指当供需双方因产品质量发生争议时，由政府主管部门授权的独立检验机构抽取样品进行检验，从而为仲裁机构的裁决提供依据

7.按供需关系分类

按供需关系可将质量检验分为表2-11所示的几类。

表2-11　质量检验按供需关系分类

序号	类别	具体说明
1	第一方检验	生产方（供方）称为第一方。第一方检验是指企业对自己所生产的产品进行检验，也就是生产检验
2	第二方检验	使用方（顾客、需方）称为第二方。需方对采购的产品或原材料、外购件、外协件及配套产品等进行的检验称为第二方检验。第二方检验实际上就是进货检验（买入检验）和验收检验
3	第三方检验	政府主管部门授权的独立检验机构称为公正的第三方。第三方检验包括监督检验、验证检验、仲裁检验等

8.按检验系统的组成分类

按检验系统的组成可将质量检验分为表2-12所示的几类。

表2-12　质量检验按检验系统的组成分类

序号	类别	具体说明
1	逐批检验	逐批检验是指对生产的产品逐批进行检验。逐批检验的目的在于判断每批产品的质量合格与否
2	周期检验	周期检验是指对逐批检验合格的某批或若干批产品按时间间隔（季或月）进行检验。周期检验的目的在于判断一定周期内的生产过程是否稳定

周期检验与逐批检验的关系

周期检验和逐批检验构成了企业完整的检验体系。周期检验是为了判定生产过程中的系统因素,而逐批检验则是为了判定随机因素。

周期检验是逐批检验的前提,没有周期检验或周期检验不合格的生产系统不存在逐批检验。逐批检验是周期检验的补充,是在周期检验忽略系统因素的基础上而进行的随机因素检验。

一般情况下,逐批检验只检验产品的关键质量特性。而周期检验则检验产品的全部质量特性以及环境(温度、湿度、时间、气压、外力、负荷、辐射、霉变、虫蛀等)对质量特性的影响,甚至包括加速老化和寿命试验。

因此,周期检验的设备复杂、周期长、费用高,企业没有条件进行周期检验时,可委托给各级检验机构。

9.按检验效果分类

按检验效果可将质量检验分为表2-13所示的几类。

表2-13 质量检验按检验效果分类

序号	类别	具体说明
1	判定性检验	判定性检验是根据产品的质量标准,判断产品的质量是否合格。判定性检验的主要作用是把关,预防功能非常微弱
2	信息性检验	信息性检验是利用检验所获得的信息进行质量控制的一种方法。因为信息性检验既是检验又是质量控制,所以具有很强的预防功能
3	寻因性检验	寻因性检验是在产品的设计阶段,通过充分的预测,寻找可能产生不合格品的原因(寻因),有针对性地采取防差错措施,杜绝不合格品产生。因此,寻因性检验具有很强的预防功能

六、质量检验的方法

在实际工作中,产品质量检验的方法通常包括感官检验法、理化检验法、生物学检验法等。

1.感官检验法

感官检验法是借助人们的感觉器官和实践经验来检测产品质量的一种方法。也就是说，人们以眼、鼻、舌、耳、手等感觉器官作为工具，结合平时积累的经验，对产品的外形结构、色泽、声音、气味、滋味、弹性、硬度、光滑度、包装等进行评价。

（1）感官检验的方法。感官检验是质量检验的重要手段之一，广泛应用于食品、药品、日用品、纺织品、化学品中，主要方法如表2-14所示。

表2-14 感官检验的方法

序号	检验方法	具体说明
1	视觉检验	通过观察颜色、形状、光泽等来识别产品的品质，例如，食品颜色不均匀，会导致口味差异
2	听觉检验	通过声音来识别产品的品质。检测者必须有较好的听力，例如，对电子产品的声音效果可利用听觉进行检验
3	嗅觉检验	可以利用嗅觉检测食品的气味是否正常，是否存在污染等，把隐藏的问题暴露出来，以确保食品的安全
4	味觉检验	可以通过品尝判断食品是否符合客户要求，例如，食品的口感和新鲜度等
5	触觉检验	主要测试物品表面的硬度、质地、平滑度、柔软度等，可用于纺织品、家具、装饰品、玩具等的质量检测

（2）感官检验法的特点。感官检验法具有图2-17所示的特点。

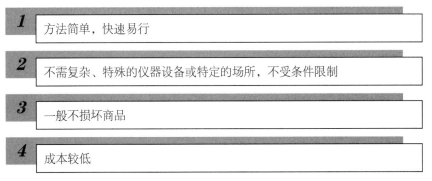

图2-17 感官检验法的特点

（3）感官检验法的局限性。

感官检验法的局限性表现如下。

① 不能检验产品的内在质量，如成分、结构、性质等。

② 检验的结果不精确，不能用数字来表示，是一种定性的方法，只能用专业术语或记分法表示产品质量的高低。

③ 检验结果易带有主观片面性，常受检验人员的知识水平、工作经验、感官敏锐度以及检验心态等因素的影响。

2.理化检验法

理化检验法是在实验室中,借助各种仪器、设备和试剂,运用物理、化学等方法来检测产品质量的一种方法,它主要用于检验产品的成分、结构、物理性质、化学性质、安全性、卫生性以及对环境的污染和破坏性等。

(1)理化检验法的特点。理化检验法具有图2-18所示的特点。

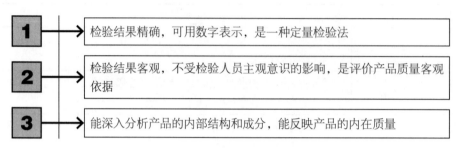

图2-18 理化检验法的特点

(2)理化检验法的局限性。

① 需要一定的仪器、设备和场所,成本较高,检验条件严格。

② 往往需要破坏一定数量的产品,消耗一定数量的试剂,费用较大。

③ 检验时间较长。

④ 检验人员需要具备扎实的理论基础和熟练的操作技能。

> **小提示**
>
> 产品质量的检验方法因产品的种类而不同,有的产品采用感官检验法即可;有的产品既需要采用感官检验法,也需要采用理化检验法;有的产品直接以理化检验结论作为质量的评价依据。

第三章
来料质量管理

第一节　来料检验的认知

在产品的整个生产过程中，来料检验扮演着至关重要的角色。通过对原材料和零部件进行检验，能够确保所用材料符合标准，从而为最终产品的质量提供可靠保证。

一、来料检验的重要性

来料检验是企业整个生产流程的前端，是企业质量体系的第一道防线。一旦使用了质量不合格的材料，不仅会影响最终产品的质量，还可能导致客户投诉和退货，给企业形象和声誉带来负面影响。因此，来料检验能够让企业及早发现并解决潜在的质量问题，确保产品质量的稳定性和可靠性。

> **小提示**
>
> 为了确保外购物料的质量，专职品管员应按照规定的检查内容、检查方法及检查数量对来料进行严格的检验。

二、来料检验的时间

1.物料入库前

来料检验应在物料正式进入仓库前进行，如图3-1所示。

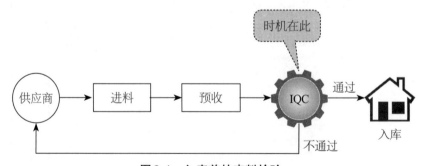

图3-1　入库前的来料检验

2.不良物料退仓前

生产中的不良物料应在退仓前进行检验，如图3-2所示。

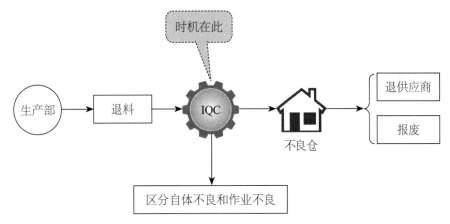

图3-2 不良物料退仓前的检验

三、来料检验的方式

来料检验主要有以下三种方式。

1.全检

全检方式适合数量少、价值高或企业有专门要求的物料。

2.免检

免检方式适合大量低值辅助性物料、经认定的免检物料，以及生产急用而特批免检的物料。对于生产急用而特批免检的物料，IQC人员应在生产过程中持续跟进其品质状况。

3.抽样检验

抽样检验方式适合平均数量较多、经常使用的物料。一般企业均采用此种检验方式。

四、来料检验的分类

来料检验是物料质量的验证，分为首件（批）样品检验和成批进料检验两类。

1.首件（批）样品检验

首件（批）样品检验是需方对供方提供的样品进行的鉴定性检验。供方提供的样品必须具有代表性，可作为企业进料的比较基准。首件（批）样品检验通常适用于图3-3所示的三种情况。

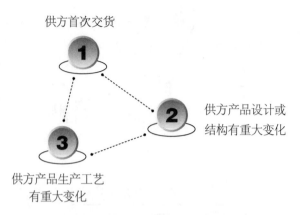

图3-3 首件（批）样品检验的适用情况

2.成批进料检验

成批进料检验是按购销合同的规定由供方对后续进货进行的持续性检验。企业应根据供方提供的质量证明文件实施核对性检查。针对货品的不同，有如下两种检验方法。

（1）分类检验法。按物料质量的重要性和发生缺陷的严重性，可将检验分成A、B、C三类，具体如图3-4所示。

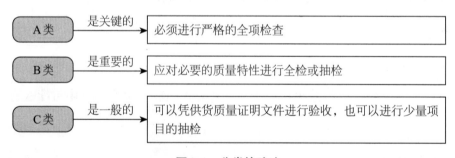

图3-4 分类检验法

（2）接受抽样检验。对正常的大批量来料，可根据双方商定的方案实行抽样检验。

第二节 来料检验的控制

来料检验的任务是杜绝不良物料进入生产现场。

一、来料检验的内容

来料检验的内容根据物料的类型和企业的需求而有所差异，但通常如表3-1所示。

表3-1 来料检验的内容

序号	检验内容	具体说明
1	外观检验	（1）完整性：检查物料是否破损、变形或缺失部件 （2）清洁度：检查物料表面是否干净，无油污、灰尘或其他污染物 （3）标识和标签：检查物料上的标识、标签和序列号等信息是否正确、完整、清晰
2	尺寸和公差检验	（1）关键尺寸测量：使用恰当的工具（如卡尺、千分尺、投影仪等）对物料的关键尺寸进行测量 （2）公差范围检查：确认测量值是否在允许的公差范围内
3	材质和成分检验	材质验证：通过化学分析、光谱分析或其他方法验证物料的材质是否符合要求 成分分析：对物料成分进行分析，确保符合规定的化学成分比例或要求
4	功能检验	性能测试：对物料进行必要的性能测试，如强度、硬度、耐磨性、耐腐蚀性等 装配测试：如果物料是组装的零件或组件，应进行装配测试，以验证其与其他部件的兼容性
5	包装和标识检验	包装检查：检查物料的包装是否完好，具备规定的保护性能 标识检查：检查包装上的标识、标签和运输标记等信息是否正确、清晰，以便在后续过程进行识别和追溯
6	安全性和合规性检验	安全性评估：对相关物料进行安全性评估，如电气安全、防火安全等 合规性检查：验证物料是否符合国际、国家或行业标准和认证要求
7	批次追溯和记录	批次管理：确保物料的批次信息（如生产日期、批次号等）被准确记录，以便进行追溯 记录保存：保存来料检验的原始记录、报告和文档，以备后续查阅

二、来料检验的工作流程

企业应制定明确的检验流程和标准，确保能及时发现和处理潜在的质量问题，使投入生产的原材料和零部件均符合要求，最终为客户提供高质量的产品。

图3-5所示是某企业来料检验的工作流程。

1.接收物料

仓库接收物料后，应对物料信息进行登记和标识，为后续物料管理提供依据。图3-6所示是接收物料的一般步骤。

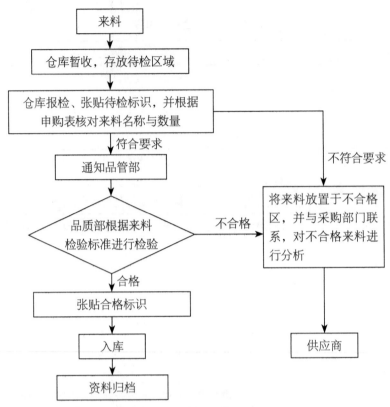

图 3-5 某企业来料检验的工作流程

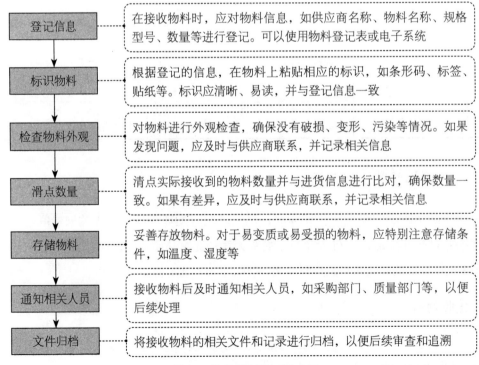

图 3-6 接收物料的一般步骤

2.抽取样品

抽取的样品应具有代表性,样品的数量和取样位置应符合相关标准和规定。在样品取样过程中,需要注意图3-7所示的事项。

图3-7 取样的注意事项

> **小提示**
>
> 不同行业和领域可能有不同的取样要求和方法,企业应根据实际情况进行操作。

3.确定检验项目

(1)确定检验项目。检验项目包括外观、尺寸、成分、物理性能、化学性能、安全等内容。

(2)确定检验项目需考虑的因素。

IQC人员在确定检验项目时应考虑图3-8所示的因素。

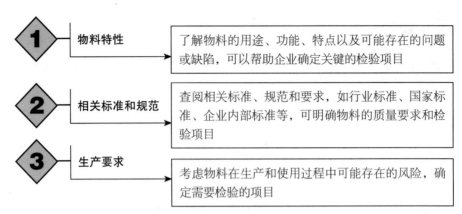

图3-8 确定检验项目需考虑因素

4.检验准备

确定合适的检验方法和检测设备是保证检验结果准确性和可靠性的关键,具体要求如表3-2所示。

表3-2 检验的准备工作

序号	工作内容	具体说明
1	确定检验方法	根据确定的检验项目,参考相关的标准、规范、手册等,选择与物料特性相匹配的检验方法
2	准备检测设备	根据检验项目和检验方法,准备相应的检测设备,包括传感器、测量仪器、测试设备、试剂、标准物质、实验室设备等,并确保设备的精度和可靠性
3	设备校准和验证	在使用检测设备之前,应进行校准和验证。校准是使用标准物质来验证仪器的准确性和精度。验证是通过结果比对来检查方法的适用性和可靠性。校准和验证是确保检验结果准确可信的重要步骤
4	样品处理	根据所选的检验方法,对样品进行适当的处理,包括切割、研磨、加热、稀释、提取等步骤,以确保检验结果的准确性
5	制定操作规范和程序	在进行检验前,制定相应的操作规范和程序,以确保检验过程的一致性、可重复性和可靠性。操作规范应包括样品的采集、处理、测试条件、测试步骤、结果记录等内容
6	检测人员资质确认	检测人员应具备必要的技能,熟悉检测方法和设备的使用,并持有相应的资质和证书,能够正确操作设备和解读结果

5.进行检验

按照确定的检验项目和方法,对样品进行检验,并与设定的标准进行比对,判断产品是否合格。检验的步骤如表3-3所示。

表 3-3 检验的步骤

序号	操作步骤	具体说明
1	执行检验	按照事先制定的操作规范和程序，选择合适的设备对处理好的样品进行检验
2	数据记录和结果判定	详细记录检验数据和相关信息，并将检验结果与事先设定的标准进行比较，判断样品是否合格
3	生成报告	根据检验结果，生成检验报告，应包括检验项目、方法、测试结果和结论等内容，并确保检验结果的准确性和可追溯性

三、来料检验结果的处理

来料检验结果的处理如图 3-9 所示。

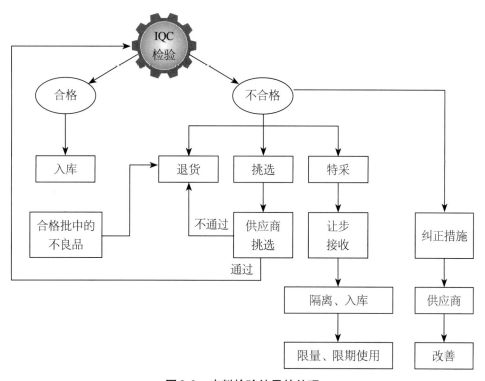

图 3-9 来料检验结果的处理

1.合格品放行

应在检验合格的物料上粘贴"合格"标签，并在表 3-4 所示的"来料检验报告单"上填写检验结果，对来料的数量、品名、规格等信息核对准确后，通知仓库人员办理来料入库手续。

表3-4　来料检验报告单

检验单号：　　　　　　　　　计划日期：　　　　　　　　　检验日期：

供应商代码				供应商名称			来料批号	
来料编号				来料品名			产品型号	
批量数				允收数量			特采单号	
计数检验				特检				
抽样次数：		总抽样数：		项目		检验数		结果
缺陷类别	数量	允收数	判定					
安全缺陷								
严重缺陷								
主要缺陷								
轻微缺陷								
缺陷率（%）								
缺陷总数：　　缺陷率： 不良数：　　　不良率： 缺陷指数：　　缺陷率： 检验员：								
单项判定：□合格　□不合格				综合指数： 计量值判定：□合格　□不合格				
最后判定：				人工判定说明				

审核：　　　　　　　　　　　　制表：

2.特采

特采就是指IQC人员检验出来料品质低于允许标准，虽提出退货要求，但企业因生产原因，而做出"特别采用"的决定。

具体介绍见本章第三节。

3.退货

退货是指在产品不合格而又不做特采处理的情况下将产品退回给供应商。退货通常有两种处理措施，一种是直接退给供应商，让供应商把产品全部拉回，此时供应商的损失较大；另一种是挑选。挑选又分两种情况，一是不直接退给供应商，而是让供应商派人来挑选，或由企业派人挑选；二是视产品而定，电子元器件或五金部件等可进行挑选，而化学原材料则不可以挑选。

4.入库

入库是指产品经IQC人员检验合格或已做特采处理,由仓库人员验收入库,同时做好产品的标示和记录。

另外,对于合格批中的不合格品也要谨慎处理,具体如图3-10所示。

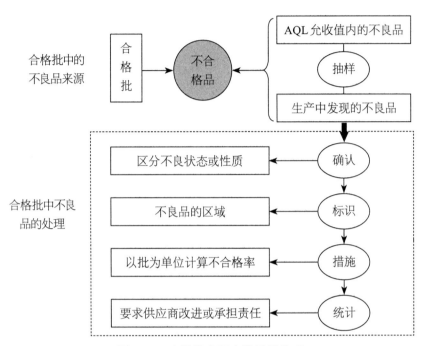

图3-10　合格批中不合格品的处理

四、来料检验中的紧急放行

1.紧急放行的定义

紧急放行是指企业因生产急需而来不及检验就放行产品的行为。

2.紧急放行的条件

产品不合格能在技术上予以纠正,并且不会产生较大的损失,也不会影响相关零部件质量时,可以紧急放行。

> **小提示**
>
> 对紧急放行的产品,要进行明确标识和记录,以便发现产品不符合要求时,能及时追回和更换。

3.紧急放行的操作步骤

（1）设置适当的紧急放行停止点。对于流转到停止点的紧急放行产品，接到合格检验报告后，才能予以放行。

（2）若发现紧急放行的产品不合格，要立即根据标识和记录进行追溯，将不合格品追回。

五、来料检验的要求

来料检验的目的是防止不合格品进入仓库而扰乱正常的生产流程，影响产品的质量及企业的信誉。来料检验应满足图3-11所示的要求。

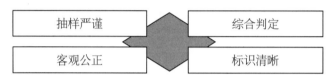

图3-11　来料检验的要求

1.抽样严谨

进行来料检验时，由于受人力、物力、成本、时间等因素的影响，只能进行抽样检验，而抽样检验本身也存在着风险。抽样可能漏检不良品或不合格品，也可能把合格品退给供应商，从而造成双方的损失。所以在抽样时，一定要严谨，样本应尽可能反映总体的质量状况，根据现行的国家标准或国际标准，抽样数量可以将风险率控制在5%以下，针对不同性质、不同数量的来料应制定不同的抽样方法。

2.客观公正

在实际工作中，来料检验有时难以做到客观公正，原因如图3-12所示。

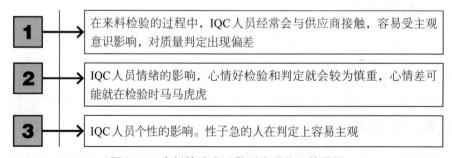

图3-12　来料检验难以做到客观公正的原因

基于此，应明确IQC人员的责任。

3.综合判定

在来料检验中,要综合考虑时间、成本、效率等因素,判定产品质量是否可以接受。

4.标识清晰

在实际工作中,有可能同一个时间段有不同供应商送来多个批次或多个品种的原材料,在抽样的过程中也可能同时处理多种原材料。为了防止出现混料,IQC人员可设置标签标识来区别待检品、不良品、合格品等。

第三节 特采的处理

一、特采的判定标准

1.可以特采的情况

可以特采的情况有三种,具体如图3-13所示。

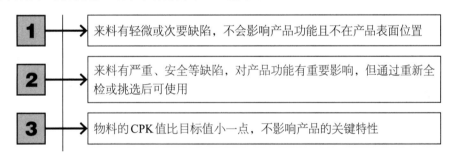

1 → 来料有轻微或次要缺陷,不会影响产品功能且不在产品表面位置

2 → 来料有严重、安全等缺陷,对产品功能有重要影响,但通过重新全检或挑选后可使用

3 → 物料的CPK值比目标值小一点,不影响产品的关键特性

图3-13 可以特采的情况

2.不能特采的情况

不能特采有五种情况,具体如图3-14所示。

情况一	规格完全不符的物料
情况二	有严重缺陷且在后工序中不易被发现的物料
情况三	新供应商提供的关键原料
情况四	在整批物料中普遍存在一种以上主要缺陷的物料
情况五	供应商提供的物料曾被企业客户投诉过

图3-14 不能特采的情况

二、特采的处理流程

企业应尽可能不要"特采";如果需要特采,品管员应按严格的程序办理,具体如图3-15所示。

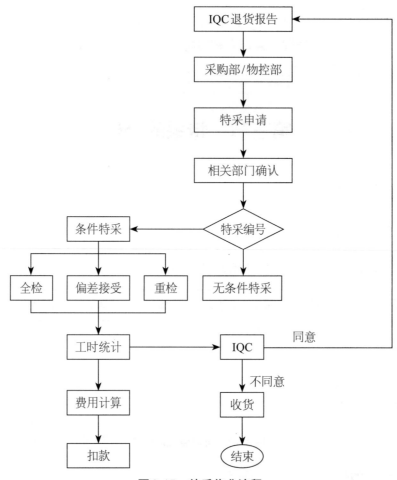

图3-15 特采作业流程

1.偏差接受

送检批物料全部不良,但只影响企业的生产速度,不会造成产品最终质量不合格。在这种情况下,经特批后,可予以接收。生产部、品质部应按实际生产情况,估算出耗费的工时数,对供应商做出扣款处理。

2.全检

送检批不合格品数超过规定的允收标准,经特批后,进行全数检验,并将不合格品退回供应商,将合格品入库或投入生产。

3.重检

送检批货品几乎全部不合格，但经过加工处理后可接受。在这种情况下，企业应抽调人员进行来料再处理。由品管员对加工后的货品进行重检，接受合格品，退回不合格品，并统计加工工时，对供应商做出扣款处理。

> **小提示**
>
> 特采的一般程序是：在品管员判定不合格或来不及检验时，由采购人员或物控人员填写特采申请单，报品管部主管审核或工程技术主管复核，再经品管部经理批准，然后将特采申请单复印件或副本分别交给品管员和仓管员。仓管员注明该批物料的状况并贴上标签后，再发给生产现场。

三、特采的注意事项

在整个特采活动中，应注意图3-16所示事项。

内容一	企业应在来料检验程序中对特采做出规定，明确特采的审批流程、责任人、可追溯的方法、记录的保存等内容
内容二	特采过程的全部记录应按规定填写，在保存期内不得丢失及擅自销毁
内容三	当供应商的物料送达后，企业应根据情况做出特采决定
内容四	品管员对特采物料做出可追溯性标识，同时做好记录，载明特采物品的规格、数量、时间、地点、标识方法和供应商的名称等内容
内容五	品管员应留取一定数量的样品进行检验，并出具检验报告

图3-16　特采活动的注意事项

第四章

制程质量控制

第一节 制程质量控制的认知

制程质量控制即IPQC，英文为Input Process Quality Control，也称过程质量控制、工序质量控制，是指在制造过程中实施质量控制活动，以便及时发现问题，防止不良品流入下一道工序，以此确保最终产品的质量。

一、制程质量控制的核心价值

制程质量控制的核心价值主要体现在图4-1所示的几个方面。

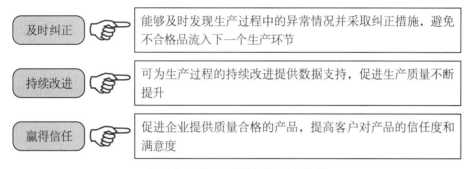

图4-1 制程质量控制的核心价值

质量是制造出来的，企业可以依靠检验来提升产品质量，预防不合格品流入下一加工工序。制程质量控制通过现场巡查，发现质量隐患并及时处理，防止发生质量事故。然而制程质量控制不只是单纯的把关，还要同时把检验结果变成质量改进的依据。

二、制程质量控制的工作流程

制程质量控制的工作流程如图4-2所示。

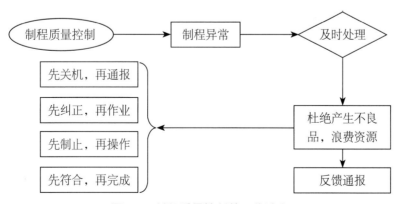

图4-2 制程质量控制的工作流程

三、制程质量控制的发展趋势

1. 自动化技术的应用

在当今社会,制程质量控制不断向自动化方向发展,通过自动化设备和传感器设备,可以实现生产过程的自动监控和数据采集,从而提高生产效率和质量控制水平。

2. 数据分析和大数据的应用

制程质量控制也可以利用大数据分析技术,更全面地了解生产流程中存在的问题,并通过对海量数据的分析和挖掘,找出问题的根源,制定更有针对性的提升方案。

第二节　制程检验的方式

制程检验是确保生产过程中产品质量的关键环节。通过制程检验,企业能够及时发现并纠正生产过程中存在的问题,保证最终产品的质量符合要求。

一、首件检验

1. 首件及首件检验的定义

(1)首件。首件是指每个班次刚开始或过程发生改变(如人员变动、换料及换工装、机床调整、工装刀具调换等)后加工的第一或前几件产品。对于大批量生产而言,首件往往是指一定数量的样品。

(2)首件检验。首件检验是指检验人员对每个班次刚开始或过程发生改变后加工的第一或前几件产品进行的检验。一般要检验连续生产的3～5件产品,合格后方可继续加工后续产品。

2. 首件检验的目的

首件检验是为了尽早发现生产过程中影响产品质量的因素,预防批量不良或报废。首件检验合格后方可进入正式生产。

首件检验的流程如图4-3所示。

3. 首件检验的时间

首件检验的时间如图4-4所示。

首件生产
自检
互检
专检
首件检验
不通过
查明原因，
重新生产
通过
进入正式生产

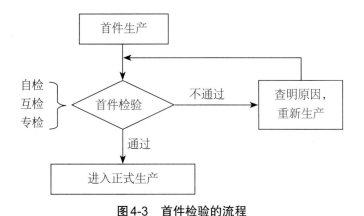

图4-3 首件检验的流程

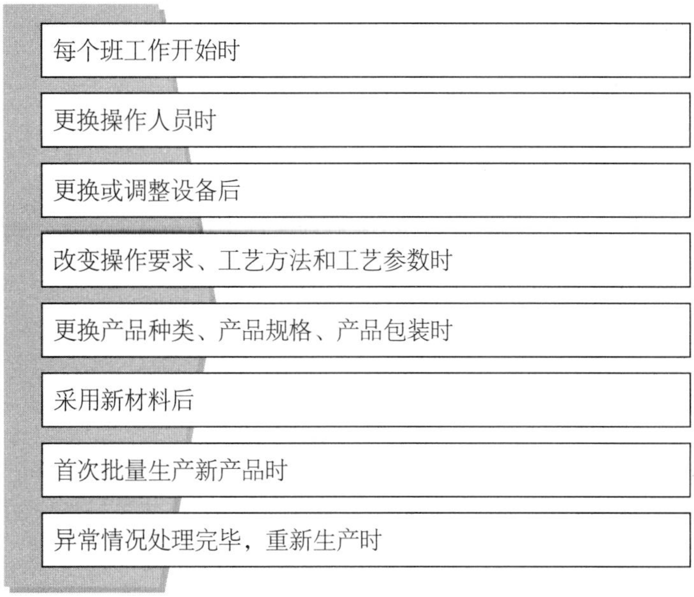

每个班工作开始时
更换操作人员时
更换或调整设备后
改变操作要求、工艺方法和工艺参数时
更换产品种类、产品规格、产品包装时
采用新材料后
首次批量生产新产品时
异常情况处理完毕，重新生产时

图4-4 首件检验的时间

4.首件检验的主要内容

首件检验的主要内容如图4-5所示。

产品是否与生产计划相符
产品是否符合质量特性
产品是否符合工艺标准
产品标识是否符合相关要求

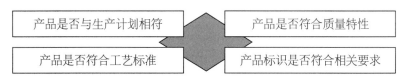

图4-5 首件检验的主要内容

5.首件检验的要求

首件检验采用三检制，即自检、互检及专检。送检的产品必须先由操作人员进行自检，然后再由班组长或同事进行互检，最后由检验员进行专检。

（1）自检。自检是指操作人员根据工序质量控制标准，对自己加工的产品进行检验。自检最显著的特点是，检验工作基本上和生产加工过程同步。

操作人员在自检时主要采用目测的方式，同时确保涵盖全部作业内容。自检的流程如图4-6所示。

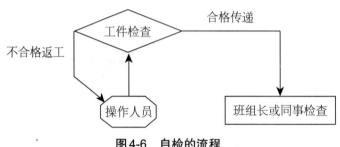

图4-6　自检的流程

自检又可细分为"三自检制"，即操作者"自检、自分、自记"，具体如图4-7所示。

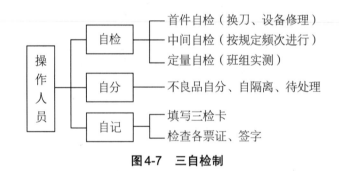

图4-7　三自检制

（2）互检。互检是指互相检验，通常由班组长或下一道工序的操作者，采用目检的方式进行确认。确认后需要在合格的产品上做出"合格"标记。互检的流程如图4-8所示。

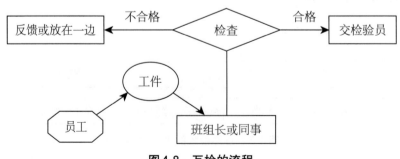

图4-8　互检的流程

（3）专检。专检是指由专门的检验工位如QC、FQC、IPQC等进行的检验。

专职检验人员对检验合格的首件产品，应做出标记，并保留到本班或一批产品加工完毕为止（所有首件产品必须留样，以备后续产品对比之用）。

首件检验不合格的，相关部门和人员应查明原因、采取措施，排除故障后再重新加工并进行三检，产品合格后才可以认定为首件。

6. 首件检验的实施步骤

首件检验是为了尽早发现问题，防止系统性质量因素导致产品成批报废所采取的有效措施。首件检验的实施步骤如表4-1所示。

表4-1 首件检验的实施步骤

序号	步骤	具体说明
1	准备阶段	（1）确认产品图纸、技术标准、工艺文件等是否齐全，并符合生产要求 （2）检查所使用的测量工具、检具是否合格，并在有效期内 （3）检查原材料、毛坯或半成品是否符合要求
2	生产阶段	（1）操作者按照工艺要求生产出第一件产品 （2）操作者进行自检，确认产品是否合格
3	检验阶段	（1）操作者将自检合格的首件产品交予班组长或质量员进行复检 （2）专职检验员对首件产品进行专检，确认各项技术指标是否符合要求
4	判定与处置	（1）若首件检验合格，则继续加工后续产品 （2）若首件检验不合格，则立即停止生产，分析原因，并采取纠正措施，直至首件检验合格

7. 首件检验的注意事项

首件检验过程中，应注意图4-9所示的事项。

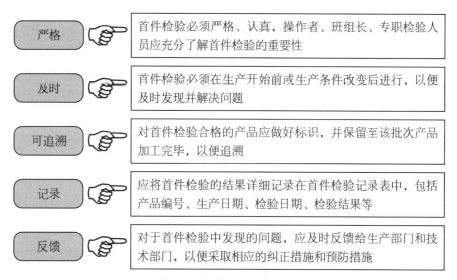

图4-9 首件检验的注意事项

> **小提示**
>
> 首件检验是否合格，应由专职检验人员认定并做出质量标记。无论在何种情况下，首件产品未经检验合格，不得继续加工或作业。检验人员必须对首件错检、漏检所造成的后果负责。

8.首件检验的记录

检验人员必须做好检验记录，以保证产品质量的可追溯性。首检记录的内容应包括检验数量、检验对象和不合格原因等。

表4-2所示是某企业的首件检验记录表。

表4-2　某企业的首件检验记录表

制造单位		产品编号		产品名称		日期	
首件类型		□新产品	□新订单		制造指令号码		
首件数量					制造责任人		
品管检验判定		主管：			检验：		
开发检验判定		主管：			检验：		
结论							

二、巡回检验

巡回检验（也称巡检）是生产过程中一项重要的质量控制活动，旨在通过定期或不定期地检查生产现场的产品、设备、工艺和环境等，以确保生产过程的稳定性和产品质量的符合性。

1.巡检的分类

巡检可分为按时检验法与按量检验法。

（1）按时检验法。按时检验法是指在进行批量生产时，车间生产人员和品管人员按照生产员工 x 次/时、品管员 y 次/时（由各企业根据具体情况而定）的方式对产品实施抽检，每次抽检5个产品；巡检的时间间隔必须在合理的范围内，一般不超过30分钟，如图4-10所示。

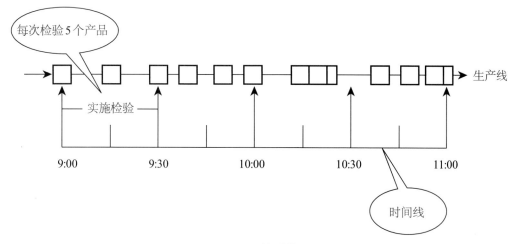

图4-10 按时检验

（2）按量检验法。按量检验法是指在进行批量生产时，车间生产人员和品管人员按照生产员工间隔x个、品管员间隔y个（由各企业根据具体情况而定）进行抽检，每次抽检1个产品；巡检的时间间隔根据产品而定，如图4-11所示。

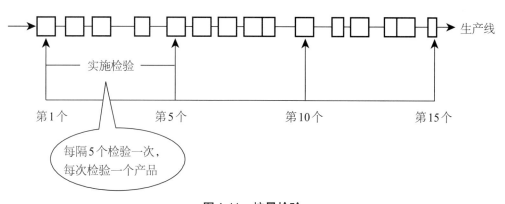

图4-11 按量检验

2.巡检人员的配置

在生产现场到底需要配置多少名巡检人员呢？一般来说，巡检人员的配置没有固定的标准，主要考虑图4-12所示的因素。

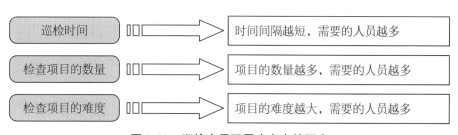

图4-12 巡检人员配置应考虑的因素

3.巡检的内容

产品巡检以抽查为主,而对于生产线的巡检,则以检查影响产品质量的生产因素为主。生产因素的检查包括:

(1)当人员有变化时,对人员的培训以及评估是否及时。

(2)设备、工具、工装、计量器具有无定期进行检查、校正、保养,是否处于正常状态。

(3)物料和零部件在工序中的摆放、搬运及拿取是否会造成物料不良。

(4)不合格品有无明显标志并放置在规定区域。

(5)工艺文件(作业指导书之类)是否齐全,能否正确指导生产。

(6)产品的标志和记录是否具有可追溯性。

(7)生产环境是否满足产品生产的需求,有无产品、物料散落在地面上。

(8)对生产中存在的问题,是否采取了改进措施。

(9)员工能否胜任工作。

(10)生产因素改变时(换活、修机、换模、换料),是否按要求通知品管人员到场验证等。

4.巡检的要求

(1)对巡检的项目、方法、频率等要事先确定,并编制巡检记录表。

(2)对于巡检中发现的问题,应及时指导作业人员予以纠正。

(3)问题比较严重时,要向有关部门发出整改通知单,要求其采取措施进行改进。

5.巡检的实施步骤

检验人员应按照检验指导书规定的频次和数量进行巡检,并做好记录,具体步骤如表4-3所示。

表4-3 巡回检验的实施步骤

序号	步骤	具体说明
1	准备阶段	(1)明确巡检的目的、范围、频次和责任人 (2)准备巡检所需的检查表、工具、仪器等 (3)对巡检人员进行培训,确保他们熟悉巡检流程、检查内容和质量标准
2	巡检阶段	(1)按照巡检计划和检查表,对生产现场的产品、设备、工艺和环境等进行检查 (2)重点关注关键工序、质量控制点、设备运行状态等内容 (3)仔细检查产品外观、尺寸、性能等是否符合要求

续表

序号	步骤	具体说明
2	巡检阶段	（4）检查设备运行是否正常，声音、温度等有无异常 （5）确认工艺参数是否在规定范围内、操作人员是否遵守工艺流程 （6）检查生产环境是否整洁、有序，有无影响产品质量的因素
3	记录与报告	（1）将巡检结果记录在巡检表上，包括合格项、不合格项和整改建议等 （2）对于发现的问题，及时通知相关部门和人员，并跟踪整改情况 （3）定期汇总巡检结果并形成巡检报告，以便管理层及时了解生产现场的状况
4	整改与复查	（1）对巡检中发现的不合格项，督促相关部门和人员及时整改 （2）整改完成后，要进行复查，以确保问题得到彻底解决 （3）对于反复出现的问题，要分析原因，制定改进措施，防止类似问题再次发生

6.巡检的注意事项

巡检对检验人员提出了较高的要求，检验人员在履行检验职能的同时，还应积极主动地帮助操作人员分析质量问题，提高操作技能。巡检的注意事项如图4-13所示。

图4-13　巡检的注意事项

> **小提示**
>
> 通过巡回检验，可以及时发现并纠正生产过程中的质量问题，确保产品质量的稳定性和可靠性，降低不良品率和客户投诉率，提高企业的竞争力和市场份额。

相关链接

现场巡检的要点

1. 七必查

（1）查新人岗位

凡是有新入职人员的岗位，一定要紧盯。因为新人对工艺标准不熟悉、生产操作不熟练，出错的概率相对比较大，所以一定要多花时间、精力进行检查。

（2）查关键设备

关键设备对过程产品、最终成品的质量影响比较大，不仅是生产部门检查的重点，还是现场巡检的重点，包括关键设备的运行参数、定期自查记录、运行环境、输出结果等。

（3）查关键工序

通常关键工序对产品的质量影响非常大，甚至起着决定性的作用，因此，对关键工序的人员操作能力、工艺参数、物料使用情况、生产环境、过程记录、输出半成品的质量等，一定要进行严格检查。

（4）查关键物料

对生产过程中使用的关键物料（国家法律法规或行业标准有使用量要求的物料、有使用范围要求的物料、有保质期要求的物料或保质期比较短的物料等），同样要进行重点检查，以防止关键物料超量使用、超范围使用、超保质期使用或出现交叉污染等质量问题。

（5）查过程质量

过程质量的稳定性，一靠作业人员的自检自查，二靠现场管理人员的巡查，三靠检验人员的专查，三方相互配合，才能有效杜绝质量问题。

（6）查特殊要求

即使是同一品种，不同的客户也会有不同的质量要求，检验人员必须将客户有特殊质量要求的品种作为巡查的重点，以防现场作业人员因操作纰漏而酿成质量事故，导致客户投诉甚至索赔。

（7）查关键时间点

过程质量问题的发生其实也是有规律的。作业人员随着工作时间的增长，会出现疲劳、精神不集中等情况，尤其是快到吃饭的时间、饭后一个小时、快下班的时候（交接班时间点），最容易发生质量问题，所以一定要将这三个时间点作为巡查的重点。

2. 五要勤

（1）眼要勤

检验人员要熟悉产品质量标准、抽样标准、工艺要求及国家的法律法规和标准规范。

在现场要多看、多观察，千万不要流于形式。

（2）嘴要勤

检验人员到现场巡查，不仅要发现问题，还应把问题说清楚、讲明白，确保问题得到有效整改，类似的问题不再重复发生。

（3）腿要勤

只有多走动才会发现更多的问题，所以检验人员要全过程、全工序、全岗位走动检查。

（4）脑要勤

现场的质量问题虽然多而杂，但是也有一定的规律，检验人员只有常思考、常总结、常分析，才能做到"心中有本账，脑中有地图，脚下有轨道"，不断提高过程巡查的质量与效率，有效遏制过程质量问题的发生。

（5）手要勤

检验人员应将现场巡查发现的问题详细记录下来，包括问题发生的部位、时间、原因、影响等，为发现过程质量问题的发生规律、提升巡查工作的质量与效率奠定基础。

三、末件检验

末件检验是在每个班次或每批产品生产完毕后，对该班次或该批加工的最后一件或几件产品进行的检验。通过末件检验，可以验证该班次或该批产品的生产过程和产品质量是否稳定，是否符合要求。

1. 末件检验的目的

末件检验的目的如图4-14所示。

确保产品质量

目的一：末件检验可以确保整批产品的质量，防止因模具磨损、设备故障或操作失误等原因导致的产品质量下降

检验生产过程的稳定性

目的二：通过末件检验，可以检验该班次或该批产品的生产过程是否稳定，是否存在系统性问题或潜在的质量风险

图4-14

目的三 预防不良品流出

通过末件检验，可及时发现并纠正末件产品中的不合格项，防止不良品流入下一道工序或客户手中

图4-14 末件检验的目的

2.末件检验的实施步骤

末件检验的实施步骤如表4-4所示。

表4-4 末件检验的实施步骤

序号	步骤	具体说明
1	准备阶段	明确检验标准，准备检验工具和设备，并确定检验人员
2	检验阶段	（1）外观检验：对末件产品进行外观检查，确保没有明显的损伤、划痕或污染 （2）尺寸检验：使用测量工具对末件产品的尺寸进行测量，确保设计要求相符 （3）功能检验：对末件产品进行功能测试，确保其符合设计要求和使用要求 （4）安全性检验：对产品进行安全评估，确保其符合相关标准和规范
3	记录与分析	详细记录检验结果，并进行分析，以评估整批产品质量和生产过程的稳定性
4	处理与反馈	根据检验结果制定相应的处理措施，如返修、报废等，并反馈给相关部门和人员，以便及时改进

3.末件检验的注意事项

末件检验的注意事项如图4-15所示。

事项一 检验标准的一致性

末件检验的标准与整批产品检验的标准应一致，以确保检验结果的可比性

事项二 检验人员的专业性

末件检验应由具备专业知识和技能的检验人员执行，以确保检验结果的准确性

检验设备的校准和维护
事项三　所使用的检验设备应经过校准和维护，以保证检验结果的可靠性

反馈与处理的及时性
事项四　对于发现的问题应及时反馈和处理，以防问题扩大，影响后续生产

图4-15　末件检验的注意事项

相关链接

首件检验与末件检验的区别与联系

首件检验和末件检验在质量管理中都具有重要的作用，它们之间既有区别又有联系。

1. 区别

（1）检验时间

首件检验：在每个班次刚开始时或过程发生改变（如人员变动、设备调整等）后，对第一个或前几个产品进行检验。

末件检验：在本班次或一批产品生产结束时，对最后一个或几个产品进行检验。

（2）检验目的

首件检验：尽早发现生产过程中影响产品质量的因素，预防批量不良或报废，确保生产过程的稳定性和产品质量的符合性。

末件检验：确保生产结束时产品质量处于合格状态，为下个班次的首件生产提供保证，同时也是对整个班次或一批产品质量的总结性检验。

（3）检验关注点

首件检验：侧重于预防和控制，更关注生产开始时或过程变化后产品质量的稳定性和一致性。

末件检验：侧重于验证和总结，更关注整个生产批次结束时的产品质量状况。

2. 联系

（1）是质量管理的重要环节。首件检验和末件检验都是质量管理不可或缺的部分，它们共同构成了产品质量监控体系。

（2）相互补充。首件检验通过预防和控制确保生产过程的稳定性和产品质量的符

合性，而末件检验则通过验证和总结对整个生产批次的产品质量进行把关。两者相互补充，共同提升产品质量和客户满意度。

（3）基于相同的检验标准。首件检验和末件检验都基于相同的检验标准和要求，以确保检验结果的一致性和可比性。

（4）促进持续改进。通过首件检验和末件检验，企业可以及时发现生产过程中存在的问题和不足，从而采取相应的改进措施，促进生产过程持续改进和产品质量不断提升。

第三节　工序质量控制

工序是产品、零部件制造过程的基本环节，也是企业生产过程的基本单位。此处主要指加工工序，即使产品或零部件发生物理和化学变化的工序。

一、影响工序质量的因素

简单来说，为了防止出现大批量不合格产品，企业不仅要检验产品，还要检验影响产品质量的工序。影响工序质量的因素主要有Man（作业人员）、Machine（机器设备）、Material（材料）、Method（工艺方法）、Environment（环境），简称4M1E。对工序质量的控制，也就是对这五大要素的控制。

1. 作业人员

任何机械加工都离不开人的操作，即使是最先进的自动化设备，仍需人去操作和控制。

（1）影响因素。一般来说，造成作业人员失误的主要因素如图4-16所示。

图4-16　造成作业人员失误的主要因素

（2）控制措施。防止作业人员失误的控制措施如图4-17所示。

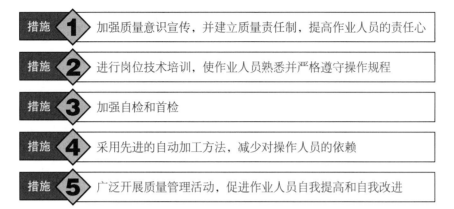

图4-17　防止作业人员失误的控制措施

2.机器设备

机器设备运行正常是保证工序生产出符合质量要求的产品的主要条件之一。

（1）影响因素。机器设备影响工序质量的因素如图4-18所示。

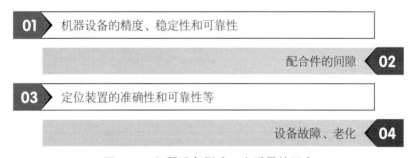

图4-18　机器设备影响工序质量的因素

（2）控制措施。防止机器设备影响工序质量的措施如图4-19所示。

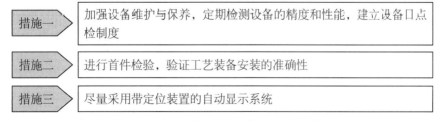

图4-19　防止机器设备影响工序质量的措施

3.材料

（1）影响因素。加工材料对工序质量的影响如图4-20所示。

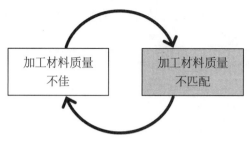

图4-20 加工材料对工序质量的影响

（2）控制措施。防止材料影响工序质量的措施如图4-21所示。

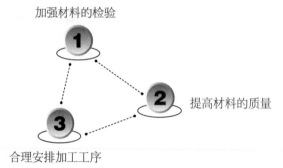

图4-21 防止材料影响工序质量的措施

4. 工艺方法

（1）影响因素。工艺方法、工艺参数和工艺装备等，都会对工序质量产生影响。

（2）控制措施。防止工艺方法影响工序质量的措施如图4-22所示的措施。

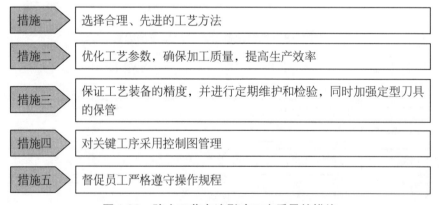

图4-22 防止工艺方法影响工序质量的措施

5. 环境

环境是指生产现场的温度、湿度、噪声、照明等。由于产品的生产工序不同，所需环境条件也不同，所以，企业应根据工序要求确定适合的环境条件。

二、工序质量控制点管理

1. 工序质量控制点的定义与重要性

工序质量控制点是指在生产过程中,对产品质量具有决定性影响的环节或要素。正确设置这些控制点,是确保产品质量稳定、提高生产效率的关键。

2. 工序质量控制点的设置原则

设置工序质量控制点,一般遵循图4-23所示的三项原则。

图4-23　工序质量控制点的设置原则

3. 工序质量控制点的设置方法

工序质量控制点的设置方法如图4-24所示。

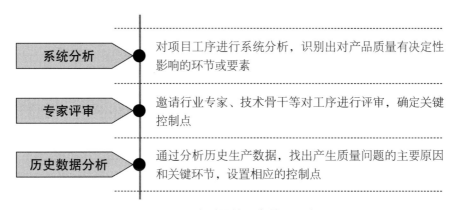

图4-24　工序质量控制点的设置方法

4. 工序质量控制点的内容

工序质量控制点的内容如图4-25所示。

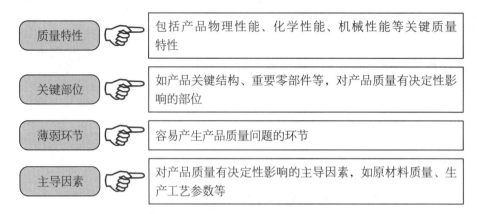

图4-25 工序质量控制点的内容

5.工序质量控制点的管理

（1）由工艺部门组织有关车间的作业人员、技术人员、品管人员等进行分析，找出影响工序质量的各项因素，并编制工序质量分析表，如表4-5所示。

表4-5 工序质量分析表

单位名称		部门名称		工序质量分析表					产品型号			零件名称				零件号			
设备编号		资产编号		工序号				工序名称		材料牌号		材料规格及硬度				工人等级			
序号	工序名称及加工内容	质量等级	质量管理点				质量问题原因（展开原因分析）				检测要求			纳入标准		责任者			
			质量项目	检查类别				一次	二次	三次	四次	检测方法	允差极限值	检测频数	标准名称	编号	操作者	班组长	工组长	检验员	设备员	工艺员
				自检	首检	巡检	抽检	全检														
备注						标志		数量		文件号		签名		日期		拟订			单位会签			
																校对						
																审核						

（2）从影响工序质量的各项因素中找出最关键的几个因素，列为工序质量控制点。

（3）由工艺部门设计、编制各工序质量控制点的"作业指导书"，明确各控制点的特性、质量要求、检查方式、测量工具等。

（4）由工艺部门对工序质量控制点进行汇总与统计，编制工序质量控制点明细表，如表4-6所示。

表4-6 工序质量控制点明细表

产品名称：　　　　　　　　　　　　设备：

序号	零件号及名称	工序号	控制点编号	控制点名称	技术要求	检测方式	检测工具	检验频次	质量特性分级 A	B	C	管理手段
1												
2												
3												
4												
……												

（5）由工艺部门制定工序质量控制点管理办法及工序管理制度，对工序质量控制点进行规范化管理。

相关链接

××有限公司质量控制点管理办法

1.目的

明确质量控制点的分类、设置条件和程序以及质量控制点的信息处理、审核评价和奖惩措施。

2.质量控制点的分类

2.1 以质量特性值设置的质量控制点，适合批量生产。

2.2 以设备设置的质量控制点，适合单件设备加工。

2.3 以工序设置的质量控制点，适合热加工和热处理。

3.质量控制点管理

质量控制点的管理部门为工艺处、锻冶处。各分厂可设置兼职质量管理员，负责控制点的管理。

4.质量控制点的设置条件

符合下列条件之一的，应设置质量控制点。

（1）根据质量特性的重要程度，A级质量特性必须设置控制点，而且是永久的。

（2）工艺上有特殊要求或对下道工序有较大影响。

（3）质量不稳定，加工中发现不合格品较多的工序和部位。

（4）对用户有重大影响的产品和项目。

5.质量控制点的设置程序

5.1 确定质量控制点，编制质量控制点明细表。

5.1.1 设计部门和工艺部门组织有关人员对质量特性进行分级。

5.1.2 工艺部门组织有关单位,根据质量特性分级结果确定质量控制点,并编制质量控制点明细表。

5.2 编制质量控制点有关文件。

5.2.1 工艺部门负责绘制质量控制点流程图,并组织分厂有关人员进行工序分析,找出影响质量特性的主要因素,编制工艺质量分析表与有关文件。

5.2.2 将以上文件交主管领导审查。

5.2.3 将审查批准的工艺文件分发至有关部门。

5.3 设备、工具、计量等部门根据工序质量分析表中与本部门有关的要素编制设备周期点检卡、工装周检卡和计量仪器周检卡,并制定相应的管理办法。

6. 质量控制点的信息处理

6.1 工序质量控制点的有关信息,由分厂质管员负责收集、整理、反馈。

6.2 设备、工具、供应等部门的质量信息,应反馈至各主管部门,并上报工艺部门。

7. 质量控制点的审核评价

7.1 每季度对各质量控制点进行审核评价。

7.2 质量控制点的审核,以建点前后的质量状况和工序能力指数为依据。

7.3 检查质量控制点各类文件是否完备,能否正确指导质量控制活动。

7.4 审核工序能力指数是否真正满足产品质量要求。

8. 考核与奖惩

8.1 考核标准如下表所示。

工序质量控制点考核标准

项目	优秀控制点	合格控制点	不合格控制点
工艺贯彻率	高于100%	100%	低于100%
一次交验合格率	高于该工序规定1%	达到该工序规定	低于该工序规定
工艺纪律考核分数(以生产班组工艺纪律细则为依据)	96分以上	90~96分	低于90分
控制文件、原始记录	齐全、正确	正确,1~2项记录未完善	3项及以上的原始记录未完善
质量审核评价	合格	合格	不合格

8.2 考核办法。

8.2.1 工艺处每旬检查一次,要有原始记录及考核分数。

8.2.2 工艺处每月汇总计算各项指标完成情况（平均值），并向质管处反馈。

8.2.3 全年有10个月达优秀控制点或合格控制点标准，则可评为优秀控制点或合格控制点，否则为不合格控制点。

8.3 奖惩办法。

8.3.1 年度考核被评为优秀控制点的，奖金不少于100元。

8.3.2 月度考核评为不合格控制点的，对该控制点罚款50元，并在经济责任制考核时扣2分；年度考核评为不合格控制点的，对该控制点罚款100元，同时控制点组长不得评选优秀员工。

三、工序质量检验

1.注意事项

在开展工序检验时，需要注意图4-26所示的几点。

1. 明确检验依据和标准，确保检验的准确性和公正性
2. 严格执行检验程序和规程，确保每个工序都得到充分检验
3. 及时反馈检验结果和异常情况，以便及时采取措施进行改进
4. 做好检验记录和数据分析工作，为质量改进提供支持

图4-26 工序检验的注意事项

2.产品缺陷分级

产品缺陷分级能够为工序质量检验提供判断标准。根据严重程度，产品缺陷可分为致命缺陷、重大缺陷、轻微缺陷，具体如表4-7所示。

表4-7 产品缺陷分级表

缺陷等级	对安全的影响	对精度、性能的影响	对可靠性的影响	对外观的影响	对企业信誉的影响
致命缺陷	对人员有致命影响	特别大	易产生重大故障，严重影响产品的正常使用	特别大	特别大

续表

缺陷等级	对安全的影响	对精度、性能的影响	对可靠性的影响	对外观的影响	对企业信誉的影响
重大缺陷	易使产品出现严重故障	较大	较大	较大	较大
轻微缺陷	轻微或几乎没有	轻微或几乎没有	轻微或几乎没有	轻微或几乎没有	轻微或几乎没有

3.编制检验作业指导书（卡）

检验作业指导书（卡）是规定工序质量检验操作要求的技术文件，可为主要产品及零部件和关键作业过程的检验活动提供指导。

相关链接

××公司工序质量检验作业指导书

1.目的
确保工序检验符合要求，未经检验、试验和验证的产品不流转、不入库、不投产。

2.范围
适用于生产过程中工序检验的控制。

3.职责
3.1 品质处对工序检验的执行和管理负责，并编制工序检验的操作规程。
3.2 产品所/工艺所负责根据产品图确定工艺路线。
3.3 计量处负责检验器具的检定。
3.4 理化处负责样件的物理试验和化学成分分析。

4.工作程序
4.1 工序检验的执行由产品所/工艺所和品质处共同确定，影响产品质量特性的工序必须进行工序检验。
4.2 品质处编制工序检验操作规程，经产品所/工艺所复核、审定，并由公司技术主管批准。
4.3 检验场地要整洁，设施要齐全，环境条件要符合工艺和有关标准的规定，人员、物品要符合定置管理要求。
4.4 检验员要经过培训且考试/考核合格，持有资格证书并经品质处处长授权。
4.5 检验员提前备齐所用的量具、仪器和装备（按规定周期检验合格，并附有合格标识）。

4.6 生产人员将自验合格的产品交给检验员，同时递交工艺流转卡。

4.7 检验员对交验的产品进行符合性检验，并做出质量合格与否的结论。对需要理化或其他试验的产品，由检验员抽样检验或委托外部检验机构。对需要返工的产品，检验员应开具产品返工通知单，返工的产品重新加工后要再次检验，合格后归入原批次。

4.8 对于合格品，检验员要按规定在工艺流转卡上做出合格标识，并加盖检验印章。

4.9 检验员发现不合格品后应及时隔离并标识，同时开具不合格品通知单。车间按不合格品管理制度进行审理，检验员按审理结论对不合格品进行处置。

4.10 拒验

有以下情况之一的，检验员应拒验。

（1）使用未按周期检定或校准的仪器（表）、量具、设备和工艺装备生产出来的产品。

（2）上道工序未按规定检验、没有质量证明文件，且无例外放行手续的产品。

（3）生产人员未执行质量检验规定、违反工艺纪律加工或装配的产品，使用未经许可的外购器材生产的产品。

（4）不符合检验要求（如未去毛刺，未清洗等），可能影响检验准确性的产品。

（5）已判定为不合格品/或拒验的产品，未经有关部门进行审理而又重复交验的。

发生上述情况时，除拒验外，检验员还应扣留交验产品，并报告领导和承制车间。

4.11 在工序检验中，发现较大质量问题或批量不合格时，应及时报告领导。

4.12 检验员应做好质量检验记录，对交付使用方还应做好交验记录。

5. 质量记录

5.1 产品返工通知单。（略）

5.2 废品通知单。（略）

5.3 产品检验记录。（略）

四、工序质量信息管理

1. 工序质量信息的来源

工序质量信息的来源如图4-27所示。

1. 作业人员自检得到的结果及发现的质量问题

2. 品管员在生产过程中得到的检验结果及发现的质量问题

3. 其他工序、工段、车间及使用者等反映的质量信息

4. 其他人员（工艺人员、班组长、车间主任等）掌握的质量信息

图4-27　工序质量信息的来源

> **小提示**
>
> 工序质量信息的来源非常广泛，品管员必须做好信息的收集、整理、分析、处理等工作，这对有效地进行工序质量控制非常重要。

2.工序质量信息的处理

（1）日常信息处理。品管员将每日、每月、每季的质量信息进行整理、分析和处理，并填入相应的反馈表中。质量信息反馈表的样例如表4-8所示。

表4-8　质量信息反馈表

反馈部门		制表		反馈表编号	
		审核			
反馈部门要求	序号	反馈内容	反馈要求	责任部门	反馈时间
品质部门意见				质量计划调度通知编号	
责任部门意见			签字：		

（2）突发信息处理。品管员对突发性质量信息应及时进行分析、处理，并填写相应表格，如表4-9所示。

表4-9　突发信息处理反馈表

反馈部门		制表		反馈表编号	
		审核			
突发事件描述					发现人：
紧急处理对策					签字：
责任部门意见					签字：

（3）品管员应认真填写质量问题反馈汇总表和反馈登记台账，实时掌握质量信息，以便做好协调、分析、处理、监督等工作。质量问题反馈汇总表和质量信息反馈登记台账如表4-10和表4-11所示。

表4-10　质量问题反馈汇总表

序号	反馈部门	反馈内容	项目要求	要求完成时间
1				
2				
3				
4				
5				
…				
品质部	信息处理	制表	＿＿＿年＿月＿日	质量计划调度通知编号
	检验员	审核	＿＿＿年＿月＿日	
接受单位		收表人	＿＿＿年＿月＿日	反馈表编号

表4-11 质量信息反馈登记台账

序号	反馈部门	反馈时间	反馈内容及要求	要求解决时间	责任部门	接收人签字	信息处理结果及返回时间	调度处理	
								调度单号	措施计划号

五、工序质量改善

工序质量改善是指提高产品质量和产品合格率，减少不合格品，使工序能力得到进一步提升。

1. 工序改善的内容

工序改善的内容根据特征可分为表4-12所示的两类。

表4-12 工序改善的内容

类型	内容	特点
偶发性的质量缺陷	系统性因素造成的质量突然恶化，需要采取措施加以消除，从而防止同一缺陷再次发生，使工序处于可控制状态	对产品质量的影响大，产生的原因明显，采取措施容易消除
经常性的质量缺陷	长期性因素引起的质量变化，会使工序长期处于不正常状态，因而需要采取措施改变现状	对产品质量的影响不明显，产生的原因复杂且不易被人发觉，长时间下去会影响企业的经济效益

2. 工序质量改善的步骤

工序质量改善的步骤如图4-28所示。

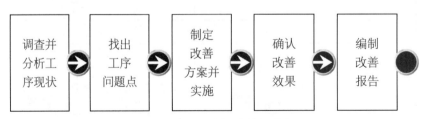

图4-28 工序质量改善的步骤

（1）调查并分析工序现状。了解工序现状是开展工序改善工作的前提，因此品管员首先要对工序现状进行调查与分析，调查内容包括与该工序及产品有关的各类数据，调查方法包括查检表、散布图等，以便掌握产品质量特性与生产工序之间的关系。

（2）找出工序问题点。经过调查与分析之后，找出导致产品质量不合格，或对产品质量有较大影响的工序，将其设定为问题点。

（3）制定改善方案并实施。品管员应对发现的问题进行研究讨论，找出问题产生的主要原因，并制定改善方案。方案中应明确工序质量改善的人员及职责，并确定改善期限、临时标准等内容。

（4）确认改善效果。确认改善效果需要做图4-29所示的三件事。

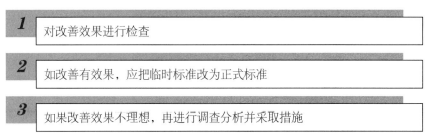

图4-29　确认改善效果需做的三件事

（5）编制改善报告。改善工作的责任人应针对改善效果出具正式的报告，并作为技术资料进行保存。在报告中，要阐明改善的目的、要求、责任人、期限、分析方法、改善效果的技术分析和对策以及日后需进一步改进的问题等内容，具体如表4-13所示。

表4-13　工序改善报告书

工序号		改善期限		责任人	
工序现状与问题：					
改善目的：					
改善要求：					

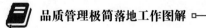

续表

改善方法：
改善效果的技术分析及对策：
还需进一步改进的问题：

第五章

最终质量控制

第一节　成品检验

成品检验是对已经完成生产等待包装的产品进行的检验,是在产品出厂前对其性能、外观等项进行的最终质量控制,这对维护企业声誉、提高客户满意度至关重要。

一、成品检验的目的

成品检验的目的是确保产品离开生产线时符合设计要求和规格标准,从而提高客户满意度,降低退货率,提升企业信誉度和市场竞争力。

二、成品检验的侧重点

成品检验侧重于产品的质量和性能,确保产品符合预定的质量标准和技术要求。

三、成品检验的内容

成品检验的内容如表5-1所示。

表5-1　成品检验的内容

序号	检验内容	具体说明
1	外观检查	对成品的外观进行检查,包括产品的色泽、形状、表面光洁度等
2	功能检验	对成品的功能进行检测,包括性能测试、电气测试等
3	尺寸检验	对成品的尺寸进行测量,并与设计要求进行对比,确认尺寸偏差是否在合理范围内
4	材料检验	对成品所使用的材料进行化学分析和物理性能测试,确保材料质量符合标准要求
5	持久性检验	通过持续施加压力或持续震动等方式模拟产品的使用情况,验证产品的品质和可靠性
6	环境适应性检验	将产品置于高温、低温、潮湿、干燥等特定环境条件下,观察产品的性能变化,确保产品在不同条件下都能正常使用
7	安全性检验	检验产品的安全性能,包括电气安全、化学成分测试等,确保产品在使用中不会对用户造成威胁
8	其他检验	根据产品的特性和行业要求,还可能进行化学成分和力学性能检验、可靠性检验等

> **小提示**
>
> 成品检验合格后，才能进行包装。

四、成品检验的方法

成品检验应根据产品特点和质量要求选择合适的方法，如图5-1所示。

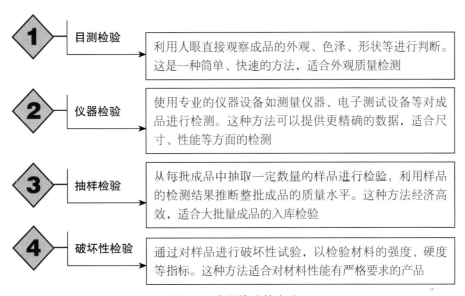

图5-1　成品检验的方法

五、成品检验的流程

一般来说，成品检验的流程如图5-2所示。

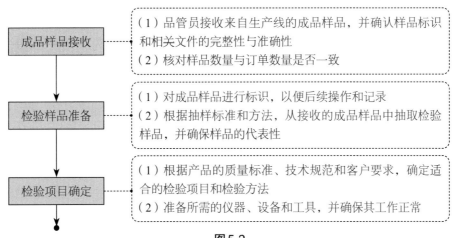

图5-2

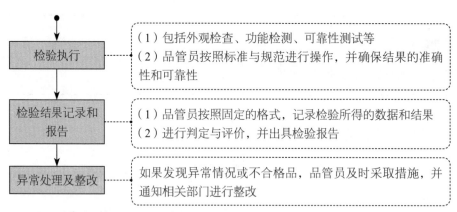

图 5-2　成品检验的流程

成品检验是确保产品质量的重要环节,通过严格的成品检验,可以确保产品的质量符合客户要求。

> **小提示**
>
> 检验合格的成品,由检验员签发合格证后,才能办理入库手续。检验不合格的成品,应全部退回车间做返工、返修、降级或报废等处理。返工、返修后的产品必须再次进行全项目检验,检验员应做好返工、返修产品的检验记录,确保产品质量具有可追溯性。

第二节　包装检验

包装检验是确保产品包装质量的关键环节,对于保护产品、满足消费者需求具有重要意义。通过正确的检验方法和严格的检验流程,可以及时发现并纠正包装中存在的问题,以提高产品的整体质量。

一、包装检验的目的

包装检验的目的如图5-3所示。

图 5-3　包装检验的目的

二、包装检验的内容

包装检验的内容如表5-2所示。

表5-2 包装检验的内容

序号	检验内容	具体说明
1	外观检查	检查产品包装是否完整、无破损、无变形、无脏污等,确保包装外观符合要求
2	尺寸检验	检查产品包装的尺寸是否在规定的范围内,确保包装尺寸的准确性
3	材质检验	检验产品包装所使用的材质是否符合要求,包括纸板、塑料、玻璃等包装材质的检查
4	包装标签和标识检验	核查产品包装上的标签和标识是否正确、清晰,并符合法律法规的要求,通常包括产品名称、规格、产地、生产日期、保质期等信息
5	密封性检验	检查产品包装的密封性,确保包装能够有效保护产品,防止产品被污染、腐蚀、损坏等
6	安全性检验	验证产品包装是否符合安全要求,确保包装不会给用户带来安全隐患
7	重复使用检验	对于可重复使用的产品包装,检查其设计是否符合要求,包括开启方式、关闭方式、拆卸方式等
8	包装说明检查	核查产品包装上的使用说明、警示标语是否完整、准确,确保用户能正确使用产品
9	其他特殊要求	根据不同行业和产品特性,可能还需要进行耐压性、耐冲击性、防潮性等检验

三、包装检验的方法

包装检验可采用图5-4所示的方法。

图5-4 包装检验的方法

四、包装检验的注意事项

进行包装检验时,应注意图5-5所示的事项。

检测标准	检测方法和标准应符合国家、行业或企业标准以确保检测结果的准确性
样品选择	应选择具有代表性的样品进行检测，涵盖不同的类型、不同的材质、不同的生产批次
检测环境	应在符合要求的环境下进行检测，包括温度、湿度、光照等方面
仪器设备	应定期对检测仪器设备进行校准和维护，以确保检测结果的准确性和可靠性
数据记录	应对检测数据进行详细记录和保存，包括检测日期、样品编号、实验数据等内容，以便后续分析和追溯

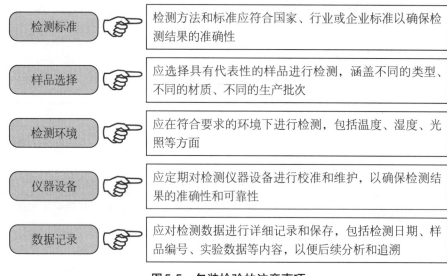

图5-5　包装检验的注意事项

第三节　入库检验

入库检验是指在生产流程完成后，将成品放入仓库前进行的质量检验，确保产品符合质量标准，安全、有效地存放和使用。

一、入库检验的目的

成品入库检验旨在保证成品质量符合标准，产品能够在市场上获得合理的价值，提高客户的满意度。其主要目的如图5-6所示。

确保成品符合质量标准

通过入库检验，可以验证成品是否符合企业的质量要求和行业的相关标准

防止次品或不合格品流入市场

入库检验是对成品质量进行全面检测的途径，可以筛选出质量有问题的产品，避免次品或不合格品进入市场，对企业声誉和形象造成损害

促进供应链管理

通过入库检验，可以促进供应链顺畅运作，减少客户投诉

图5-6　成品入库检验的目的

二、入库检验的内容

（1）按照产品标准或检验作业指导书规定的入库检验项目，逐条逐项进行检验。

（2）产品的附件、备件，应纳入成品检验的范围。

（3）产品的合格证（或质量证明文件）、技术文件，应纳入成品检验的范围。

（4）产品的包装物，应纳入成品检验的范围。

（5）成品检验的记录应齐全、准确。

三、入库检验的方法

一般情况如下：

（1）数量≤50件时，采用全检方式，将合格品入库，不合格品退回车间返工。

（2）数量≥51件时，采用抽样检验方式，方案见表5-3。

表5-3　成品入库抽样检验方案

批量范围（N）	样本大小（n）	判断标准			
		严重不良品		轻微不良品	
		Ac	Re	Ac	Re
51～150	20	0	1	1	2
151～500	50	1	2	3	4
501～1200	80	2	3	5	6
1201～3200	125	3	4	7	8
3201～10000	200	5	6	10	11
10001～35000	315	7	8	14	15
35001～150000	500	10	11	21	22

① $51 \leqslant N \leqslant 150$时，样本量$n=20$。

判断标准为，严重不良：$(Ac, Re)=(0, 1)$

　　　　　　　轻微不良：$(Ac, Re)=(1, 2)$

② $N \geqslant 151$时，采用正常检查一次抽样方案（GB/T 2828.1—2003），主要要素如下。

检查水平：IL=Ⅱ

合格质量水平：严重不良/AQL=1.0

　　　　　　　轻微不良/AQL=2.5

四、入库检验的要求

（1）首先查看内箱、外箱、彩盒、胶带等是否使用正确；如用错，则整批退回车间返工。

（2）按生产通知单的要求，查看随产品附带的配件、资料（包括说明书、保证卡等）是否齐全；如不齐全或装错，则整批退回车间返工。

（3）如发现有产品混装，则整批退回车间返工。

（4）批量构成：批量≤半天的产量。

第四节　出货检验

出货检验是指产品发往客户或市场之前进行的最终检验，以确保发出产品的质量完全符合要求。

一、出货检验的目的

尽管入库时已经对产品进行了检验，但仍需要进行出货检验，目的如图5-7所示。

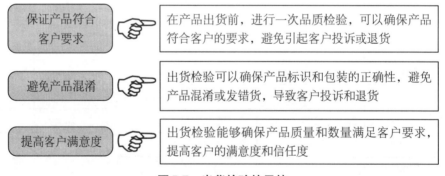

图5-7　出货检验的目的

在许多情况下，出货检验比成品检验更严格，因为它是对客户最后的质量保障。有时客户可能会请第三方检验机构来进行出货前的独立检验，以确保接收到的货物符合订单要求。

二、出货检验的内容

相比入库检验，出货检验更关注包装的完整性、标签的准确性，以及产品的一致性。表5-4、表5-5是××企业成品出货检验的内容与成品出货检验确认单。

表5-4 成品出货检验的内容

序号	检验内容	具体说明
1	外观检查	检查产品是否变形、受损，配件、组件、零件是否松动、脱落、遗失
2	尺寸检验	检测产品是否符合规格，零配件、包装袋/盒、外箱尺寸是否符合要求
3	特性检验	检查产品的物理、化学特性是否发生变化
4	产品包装和标志检查	（1）检查产品的包装方式、包装数量、包装材料是否符合要求 （2）标志的粘贴位置、书写内容是否规范 （3）纸箱外包装是否有品检合格印章

表5-5 成品出货检验确认单

产品名称		型号		生产单号	
生产数量		检验数量		检验日期	
抽样标准		轻缺点	重缺点	总缺点数	
□GB 2828.1—2003　Ⅱ级正常					
□全检					
成品检验	★表示重缺点　　▲表示轻缺点				
检验项目	检验要求			确认结果	
外观	产品所有生产工序确认完成				
	产品尺寸与图纸一致				
	产品表面无划痕、严重脏污				
	包装紧固不会造成运输过程损伤				
	包装标签与产品标号、数量一致				
判定结果：□合格　　□不合格					
不合格处理措施：□让步放行　　□返工返修　　□全数检验					
备注：此单必须填写完整，确认产品检验合格后才可封箱出货					

检验人员：　　　组长：　　　跟单人员：　　　仓管：

三、出货检验的流程

出货检验的流程如图5-8所示。

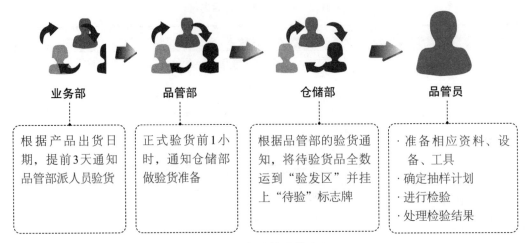

图5-8 出货检验的流程

四、出货检验的注意事项

出货检验应注意图5-9所示的事项。

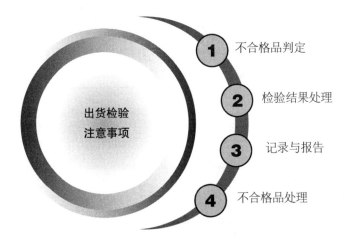

图5-9 出货检验的注意事项

（1）不合格品判定。品管部应根据产品品质标准判定产品合格与否。对于无法判定的产品，应填写品质抽查报告，连同样品交品质主管判定。品管员根据最终判定结果，确定不合格品处理意见。

（2）检验结果处理。品管部应根据不合格品判定结果，确定该批产品是否允收。对允收的产品，在外箱加盖"合格"印章，并通知仓储部入库。对拒收的产品，应挂上"待处理"牌。仓储部不得擅自移动此类产品。

（3）记录与报告。品管部应详细记录产品的检验结果，并根据检验结果，编制出货检验报告。检验报告应包括产品名称、批次、数量、检验项目、检验结果等信息。

（4）不合格品处理。品管部应对不合格品进行标识和隔离，并书面通知生产部返工、返修或报废。

第六章

产品质量管控

第一节 样品质量控制

通过严格的样品质量控制，企业可以在设计和生产阶段及时发现并解决潜在的质量问题，从而大幅降低产品的缺陷率，减少因质量问题而产生的退货、维修成本，提高产品的整体质量。

一、什么是样品

样品是企业产品质量保证能力的一种实物证明。它对外可向客户展现企业现阶段的质量水平，提高客户对本企业的信任度；对内则可作为产品品质检测与鉴定的依据。

二、样品的类型

企业常见的样品有图6-1所示的几类。

采购用样品（又称外购/外协件样品）
生产样板
客户订货样品
品质检验样板（即QC样板）

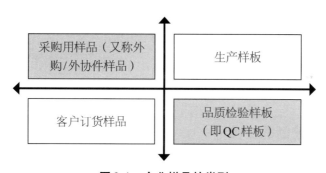

图6-1 企业样品的类型

三、获取样品的渠道

获取样品的渠道主要有图6-2所示的几种。

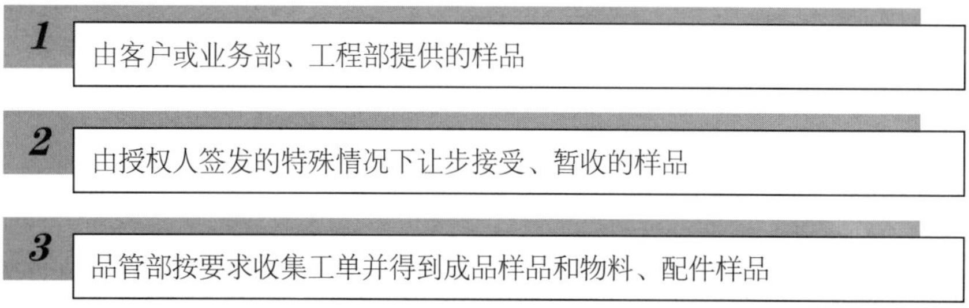

1
由客户或业务部、工程部提供的样品
2
由授权人签发的特殊情况下让步接受、暂收的样品
3
品管部按要求收集工单并得到成品样品和物料、配件样品

图6-2 获取样品的渠道

收到所有样品后，由部门负责人统一移交样品管理处。样品管理员接收到样品后，将不同类型样品登入不同登记簿。

四、样品鉴定的方式

一般情况下，样品的质量由品管员进行测试鉴定，鉴定方式如图6-3所示。

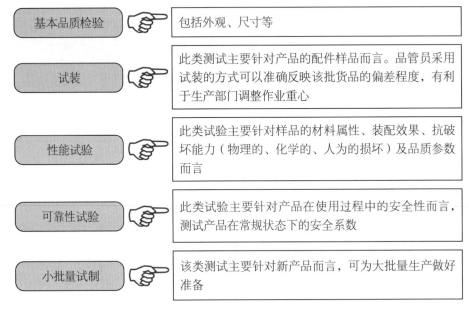

图6-3 样品鉴定的方式

五、样品质量控制的步骤

样品质量控制涉及多个环节和步骤，具体如表6-1所示。

表6-1 样品质量控制的步骤

序号	步骤	实施要点
1	样品接收与初步检查	（1）样品接收。需核对样品的数量、规格、型号等信息，确保与送样单或订单要求一致 （2）初步检查。对样品进行初步的外观检查，包括颜色、尺寸、包装等，确认无明显损伤或缺陷
2	样品标识与记录	（1）样品标识。为样品加贴唯一的标识，包括样品编号、生产日期、生产批次等信息，确保样品的可追溯性 （2）记录信息。详细记录样品的各项信息，包括原材料来源、生产工艺、检测数据等，为后续品质分析提供依据
3	样品检测与评估	（1）检测项目。根据产品特性和客户要求，确定需要检测的项目，如尺寸测量、性能测试、化学分析等

续表

序号	步骤	实施要点
3	样品检测与评估	（2）检测方法。选择适当的检测方法和设备，确保检测结果准确、可靠 （3）检测记录。详细记录检测数据和结果，包括检测时间、检测人员、检测设备等信息 （4）评估结果。根据检测结果和客户要求，对样品质量进行评估，判断其是否符合质量标准
4	样品储存与管理	（1）储存环境。为样品提供适合的储存环境，包括温度、湿度、光照等条件，确保样品在储存过程中不会变质、损坏或降低性能 （2）储存期限。根据样品的特性，设定合理的储存期限，并定期进行检查和更新 （3）样品管理。建立完善的样品管理制度，包括样品入库、出库、盘点等流程，确保样品的完整性和可追溯性

六、样品质量控制的要点

样品质量控制的要点如图6-4所示。

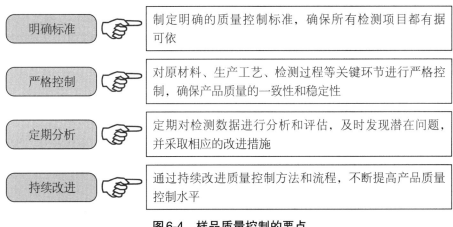

图6-4 样品质量控制的要点

相关链接

××科技有限公司样品管理办法

1.目的

规范样品的管理，使样品得到有效控制，确保工程、生产和品质检验有据可依。

2.适用范围

适用于本公司样品采集、制作、管理及使用的全过程。

3. 定义

样品是指由公司授权人员（工程、品管、业务）签发的或客户提供的，作为工程、生产或检验人员参照使用的某种产品实物。

4. 权责

4.1 工程部

4.1.1 负责供应商样品（及变更部件）的确认、测试和签样。

4.1.2 负责自制部件样品（及变更部件）的确认、测试和签样。

4.1.3 负责提交客户样品、试模样品、材料内部评估和签样。

4.1.4 负责客户需求信息的获取、样品的确认。

4.1.5 负责样品结构、性能、外观及颜色的确认。

4.1.6 负责生产样品、工艺样品、限度样品的确认及签样。

4.1.7 负责工程样品档案的建立与管理。

4.1.8 负责客户样品的登记、样品复制品的封存与保管。

4.2 品管部

4.2.1 负责客户样品的检验。

4.2.2 负责协助工程部对新产品样品、材料的可靠性进行测试。

4.2.3 负责重要客户生产订单自留样品的确认与签样。

4.2.4 负责移模产品样品的确认与签样。

4.2.5 负责部门样品的使用、外借和回收管理。

4.2.6 负责质量样品档案的建立与管理。

4.3 业务部

4.3.1 负责客户产品信息的获取。

4.3.2 负责客户样品的登记、样品原稿的封存与管理。

4.3.3 负责外购件/OEM产品样品的确认及签样。

4.3.4 负责重要客户生产订单样品的确认及签样。

4.3.5 负责丝印样品的确认及签样。

4.3.6 负责外购包装材料样品的确认及签样。

4.4 采购部

4.4.1 负责供应商样品的获取。

4.4.2 负责向相关部门（工程部/品管部/业务部等）送交供应商样品。

4.4.3 负责外购原材料、外购件OEM产品样品的分发。

4.4.4 负责成品样品原材料的采购。

4.5 生产部

4.5.1 负责自制部件样品的冲制。

4.5.2 负责客户要求的量产机成品样品的制作。

4.5.3 负责丝印样品的制作、样板档案的建立、样板的保存与管理。

4.5.4 负责重要客户内部留样成品的制作。

4.5.5 负责工序样品或作业指导样品档案的建立、样板的保存与管理。

5. 作业内容

5.1 样品的分类

5.1.1 客户样品：由客户确认签发的，用于指导本公司设计开发、生产及验收的样品（也称外来样品）。

5.1.2 供应商原材料样品：由供应商制作的、本公司确认签发的样品，可作为供应商生产、检验和本公司工程设计、进料检验、追溯的参考依据。

5.1.3 自制样品：由本公司自制部件的工程部确认签发的样品，可为生产、检验提供参考（也称生产样品）。

5.1.4 外购件/OEM产品样品：为扩充本公司产品线，委托其他厂家生产或直接购买的且由业务部确认签发的样品，可为品质检验提供依据。

5.1.5 自留客户订单样品：指新机种批量生产或重要客户（系统商、大客户、品质要求较高的客户）订单批量生产前，由客户确认签发或业务负责人、工程部、品管部确认会签的样品，可为生产、品质检验提供依据。

5.1.6 工艺样品：由工程部或业务部确认签发的，可为生产工艺提供指导的样品，如工序样品、结构装配样品、丝印样品等。

5.1.7 临时样品/限度样品：材料未正式确认或存在轻微瑕疵不能正式确认，但急需生产的，由工程部确认签发的样品；因生产异常、来料异常、与客户样品或正式确认的样品存在差异时，经客户认可暂时接收或由工程部、品质部认可可让步接收的样品。

5.2 样品的获取、流转及管理

5.2.1 客户样品（外部样品）：新产品导入前，为确保产品符合客户的要求，由业务部、工程部与客户沟通，确认样品的需求信息（包括样品的实物、数量、种类、型号、其他实配件、测试件、产品图纸）；或参考市场同类产品的开发，获得其他厂商的样品。工程部负责保管客户样品（外部样品），并建立样品清册。

5.2.2 供应商原材料样品：

5.2.2.1 采购部根据工程部、业务部的需求，开发新的供应商或变更生产工艺时，将公司产品规格及品质要求传递给供应商，要求供应商提供确认书与样品进行确认。

5.2.2.2 采购部接到供应商的确认书或材料样品（至少5套）时，交给工程部确认。工程部进行样品检测，并安排生产制造部门试用，合格后再进行样品确认。

5.2.2.3 工程部应将样品的确认与测试结果记录在样品测试报告中，若确认合格，则完成供应商确认书及样品的签核，并在样品上贴上样品确认标签，同时将确认书及样品转给采购部；由采购部负责分发，工程部一份，采购部一份，品管部两份，供应商一份，收到样品的各部门负责保管并建立样品清册。若确认不合格，则将供应商提供的所有资料和样品退还给采购部，并以邮件方式告知采购部样品不合格的问题点，由采购部与供应商对接后续事项。

5.2.2.4 若变更影响客户产品特性或客户要求材料变更时，由工程部依据工程变更规范让客户确认签样。

5.2.2.5 外购原材料中包装纸箱类样品，由业务部进行确认及签样，作业流程同上。

5.2.2.6 当特殊样品（如颜色样板）的存放受温湿度、光度等条件的限制，工程部和品管部应在样品清册中确定样品的有效期，并按要求进行防护、标识、储存与管理。有效期满后，样品损坏、丢失、报废的，应让供应商重新提交样品并承认。

5.2.3 自制样品：新产品或变更产品导入/量产过程中，因生产、检验或追溯需要，由生产部安排制作，工程部负责确认（包括结构、功能、颜色、性能等），合格后进行签样。样品上应粘贴样品确认标签，工程部自行保留一份，同时分发一份给品管部，保管部门需建立样品清册。若变更影响客户产品特性或客户要求材料变更时，由工程部依据工程变更规范让客户确认签样。

5.2.4 外购件/OEM产品样品：

5.2.4.1 业务部根据公司产品线扩充的需求，将外购产品的信息提交给采购部，由采购部寻找合适的供应商，并要求供应商提供样品进行确认。

5.2.4.2 采购部收到供应商的样品后，转给业务部进行确认（必要时可要求工程部协助确认），若确认合格，则对样品进行签样，并贴上样品确认标签，同时将样品转给采购部，由采购部分发给品管部，品管部需建立样品清册。若确认不合格，则将该供应商提供的样品退还给采购部，并以邮件方式告知采购部样品不合格的问题点，由采购部与供应商对接后续事项。

5.2.5 自留客户订单样品：新机种、大客户、系统商、高品质客户的订单批量生产之前，首先由业务部下发样品需求，生产部据此制成样品，再交由品管部确认；然后由业务部跟单再次确认；最后由该客户的具体业务负责人确认样品。新产品样品需工程部确认，重点客户的样品需业务部提交给客户确认签核。确认合格后贴上样品确认标签，转交品管部保管，并作为生产及品质检验的依据。保管部门需建立样品清册。

5.2.6 工艺样品：用于指导生产作业的样品，由生产部负责样品制作，工程部负责确认并签样。其中,丝印样品交由业务部确认签样,并贴上样品确认标签,然后返还给生产部保管,保管部门需建立样品清册。

5.2.7 临时样品/限度样品:

5.2.7.1 外购原材料、自制件未正式确认或存在部分瑕疵不能正式承认(包括结构、功能、外观、色差等),但急需生产的,由工程部负责确认签样,并在样品上贴上样品确认标签,交品管部保管。

5.2.7.2 因生产异常、来料异常、与客户样品或正式确认的样品存在差异时(包括结构、功能、外观、颜色等),经客户确认暂时接收或因生产需要由工程部、品管部认可让步限度接收的,视情况由工程部或品管部确认签样,并贴上样品确认标签,交品管部保管。

5.2.7.3 临时样品/限度样品需注明限度接收内容、批次、数量、期限。当达到限度批次、数量、期限时,样品将由品管部做报废处理。

5.2.7.4 临时样品/限度样品由品管部划分单独区域存放,可不存档记录。

5.3 样品的变更

因变更而重新签发的样品,保管部门需在样品清册中进行登记,并将原样品做作废处理。

5.4 样品的借用

5.4.1 样品是工程设计、生产、检验的参考依据,除保管部门正常使用外,其他部门使用应向样品管理负责人申请并填写样品借出与回收登记表,用完及时归还,不得丢失、损坏。

5.4.2 样品管理负责人应监督样品的借出与收回,并对样品的完整性进行检查。

5.4.3 如不慎遗失某样品,应向部门负责人汇报,说明遗失样品名称及原因,及时采取补救措施。

5.5 样品的保管

各保管部门应将样品放置在合适的位置,分类保存。样品保管人员需做好日常的整理与清洁工作。若样品放置时间较长,可将样品放入包装箱内封存。样品过期或淘汰,则应做作废处理,同时更新样品清册。

6. 相关文件

工程变更规范。

7. 相关记录

7.1 样品确认标签。

7.2 样品清册。

7.3 样品借出与回收登记表。

第二节　不合格品控制

不合格即不满足规定的要求。不合格分为不合格品与不合格项，前者针对产品，后者针对质量体系。在整个生产过程中，产生不合格品是难免的。不合格品（也称不良品）控制是指将不符合要求的产品置于受控状态的质量管理活动。

一、不合格品产生的原因

不合格品主要产生于产品设计、工序管制、采购等环节，错误的操作方法、不良的物料及不合理的设计都可导致不合格品产生，具体如表6-2所示。

表6-2　不合格品产生的环节及原因

序号	环节	产生原因
1	产品开发设计	（1）产品的制作方法不明确 （2）图样、图纸绘制不清晰，标识不准确 （3）产品设计尺寸与零配件、装配公差不一致 （4）废弃图纸管理不力，在生产中误用废旧图纸
2	机器与设备管理	（1）机器安装不当 （2）机器设备长时间无校验 （3）刀具、模具、工具品质不良 （4）量具、检测设备精确度不够 （5）温度、湿度及其他环境条件对设备有影响 （6）设备加工能力不足 （7）机器、设备的维修、保养不当
3	材料与配件管理	（1）使用未经检验的材料或配件 （2）使用错误的材料或配件 （3）材料、配件品质变异 （4）使用让步接收的材料或配件 （5）使用替代材料时事先没有验证
4	生产工序管理	（1）片面追求产量，忽视品质 （2）操作人员未经培训即上岗 （3）未制定生产作业指导书 （4）对生产工序的控制不力 （5）员工缺乏自主品质管理意识

续表

序号	环节	产生原因
5	品质检验	（1）未制订产品品质计划 （2）检验设备超过校准期限 （3）品质检验规程、方法、应对措施不完善 （4）没有建立有效的品质控制体系 （5）高层管理者的品质意识不强 （6）品质标准不准确或不完善

二、不合格品控制的关键

"质量是制造出来的，不是检验出来的"。因此，控制不合格品的关键在于预防，即以预防为主、检验为辅，将不合格品控制在生产过程中。

1.不合格品控制程序的制定

企业应制定不合格品控制程序，明确不合格品的标识、隔离、评审、处理和记录方法，并以书面形式发放相关部门。

2.不合格品控制程序的执行

执行不合格品控制程序时应注意以下要求。

（1）发现不合格品时应加以标识并隔离存放。
（2）确定不合格的内容，如机号、时间、产品批次等。
（3）评估不合格品的严重程度。
（4）确定不合格品的处置方式。
（5）按规定对不合格品进行搬移、储存和后续加工。
（6）做好不合格品处置的记录。
（7）通知受影响的部门做好预防措施。

三、不合格品控制的措施

企业可采取图6-5所示的措施来控制不合格品。

1.明确品管员的职责

（1）品管员应按产品图样和加工工艺，正确判断产品是否合格。
（2）对不合格品做出标识，并填写产品拒收单，注明拒收原因。

图6-5　不合格品控制措施

2.明确不合格品的隔离方法

不合格品应有明显的标记,并存放在指定的隔离区域,以免与合格品混淆或被误用。

3.明确评审部门的职责和权限

不合格品不一定都是废品,对于程度较轻或报废后会造成较大经济损失的不合格品,应从技术方面加以论证,在不影响产品适用性或在客户同意的情况下合理利用,采取返工、返修等补救措施。这就需要对不合格品的适用性做出判断。

产品的符合性与适用性判断,如图6-6所示。

符合性判断：品管员按照技术文件的要求,判断产品是否符合质量要求,从而做出合格与否的结论

适用性判断：至于不合格品是否适用,则是一项技术性较强的判断,应由品质部主管以上人员,根据不合格的程度,确定分级处理办法,并明确品质部、技术部、生产部、工程工艺部、物料部、设备管理部、生产车间等相关部门的参与程度和评审权限

图6-6　产品的符合性与适用性判断

4.明确处置部门的职责和权限

处置部门应按照评审意见对不合格品做出搬移、储存、保管及后续加工等处置措施,并由专人加以监督。

5.明确不合格品记录的方法

为便于对不合格品进行分析与追溯,应对不合格品的处理情况加以记录,包括时间、地点、批次、产品编号、缺陷描述、所用设备等内容,并纳入品质管理档案。

四、不合格品的标识

1.不合格品标识的管理

（1）为了确保不合格品在生产过程中不被误用，企业所有的外购货品、在制品、半成品、成品以及待处理的不合格品均应有品质识别标识。

（2）凡经过检验合格的产品，在外包装上都应有合格标识或合格证明文件。

（3）不合格品应有不合格标识，并隔离放置。

（4）质量状况不明的产品，应有待验标识。

（5）未经检验、试验或未经批准的不合格品，不得进入下一道工序。

> **小提示**
>
> 当生产急需用料时，经企业授权的部门或人员批准后，才能进行例外转序。同时，应对此类物料做出明确的标识，并在生产过程中进行重点监控，以便于及时发现问题。

2.标识的形式

标识的形式有核准印章、标签、产品加工工艺卡、检验记录、试验报告等。

3.不合格标识的分类

（1）标志牌。标志牌是由木板或金属片做成的小方牌，悬挂在货物的外包装上加以标识。

根据企业的需要，可分为"待验"牌、"暂收"牌、"合格"牌、"不合格"牌、"待处理"牌、"冻结"牌、"退货"牌、"重检"牌、"返工"牌、"返修"牌、"报废"牌等。标志牌主要用于大型货物或成批产品上。

（2）标签或卡片。该标识一般为一张标签纸或卡片，通常也称为"箱头纸"。

① 使用时将货物类型标注在上面，并注明货物的品名、规格、颜色、材质、来源、工单编号、日期、数量等内容。

② 品管员根据物品的品质检验结果在标签或卡片的"品质"栏内盖上相应的检验标识。

标签或卡片主要适用于装箱产品和堆码管制的产品、材料或配件。一张标签或卡片只能标注同一类货物。

（3）色标。色标一般为正方形的（2厘米×2厘米）有色粘贴纸。它可直接贴在货物表面规定的位置,也可贴在产品的外包装上,颜色一般有绿色、黄色、红色三种,具体如图6-7所示。

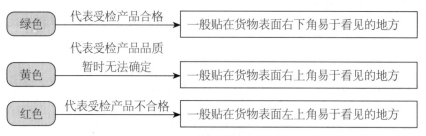

图6-7 色标颜色分类

> **小提示**
>
> 色标主要适用于量具、刀具、工具、检验器材、生产设备等校验结果,大型产品品质,全检产品品质,模具状态,大型型材品质的标识。

4.不合格品标识的使用要求

(1)进料不合格品的标识。品管员在来料检验时,若发现存在不合格品,且数量已达到或超过允收标准,应在该批(箱或件)货物的外包装上挂上"待处理"标牌,并报请部门主管或经理裁定,然后按最终审批意见改挂相应的标牌,如暂收、挑选、退货等。

(2)制程中不合格品的标识。

① 生产现场的每台机器、每条生产线或每个工位旁一般都应放置专门的不合格品箱(盒),如图6-8所示。

图6-8 生产现场不合格品摆放箱(盒)

② 员工自检或品管员巡检时发现了不合格品，应主动放入不合格品箱（盒）中。待该箱（盒）装满时或该工单产品生产完毕时，由专门的员工清点数量，并在容器的外包装指定位置贴上箱头纸或标签，再由品管员盖上"不合格"或"拒绝"印章，然后放到指定的"不合格区域"摆放整齐。

③ 每只不合格品箱（盒）内只能装同款、同色、同材质的不合格品，不能混装。

④ 所有不合格品表面不能有包装物和标签纸等附属物。若企业对成批货物的质量无法确定而需要外部或客户确认时，品管员可在该批货物外包装上挂上"待处理"或"冻结"标牌，以示区别。此类货物应摆放在车间的"周转区"。

（3）库存不合格品的标识。

① 品管员定期对库存物品的质量进行评定，不合格品由仓库集中装箱或打包。

② 品管员在货物的外包装上挂上"不合格"标牌或在箱头纸上逐一盖上"拒绝"印章。

对暂时无法确定合格与否的物品，可在其外包装上挂上"待处理"标牌。

五、不合格品的隔离

企业应划定不合格品摆放区域，对不合格品进行隔离管制。

1. 划定不合格品放置区域

（1）可在生产现场（制造、装配或包装）的每台机器或拉台的每个工位旁边，配置专门的不合格品盒或袋，用来收集生产过程中产生的不合格品。

（2）也可在生产现场（制造、装配或包装）划定一个专门的不合格品暂放区，用来存放员工收集的不合格品。请注意，此区域不合格品摆放的时间一般不超过8小时。

（3）所有的不合格品摆放区域均要用有色油漆进行划线，并用文字注明，区域面积的大小视该企业产生的不合格品数量而定。

2. 不合格品放置区域的使用

（1）任何不合格品放置区只能摆放本部门产生的不合格品，不得摆放合格品或物料、配件。

（2）原则上，本部门的不合格品放置区只能摆放本部门的不合格品，不能放置其他部门的不合格品。

3. 不合格品放置区域中不合格品的标识

（1）品管员判定为不合格的产品，应由所在部门安排人员集中打包或装箱，待品管员在每个包装物的表面盖上"拒绝"印章后,再送到不合格品摆放区,按类型堆码。

(2)品管员判定产品不合格,但所在部门有异议时:

① 由部门管理人员与所在部门的质控组长或质控经理进行沟通。

② 若该问题在两小时内无法解决,先由品管员在货物上挂上"待处理"标牌,并委派人员将货物送到指定的区域摆放,等待上级做出处理意见。

4.不合格品放置区域货物的管理

(1)不合格品放置区内的货物,在品管部没有下发书面处理通知前,任何部门或个人不得擅自处理或使用。

(2)不合格品的处理必须有品管员的监督。不合格品的处理方式如表6-3所示。

表6-3 不合格品的处理方式

序号	处理方式	具体操作
1	报废	品管员在外箱上加盖"报废"字样,并指派杂工送到划定的"废品区"进行处理
2	重工	品管员在外箱上加盖"返工"字样或挂上"返工"标牌,并责成有关部门进行重工,具体包括返工、返修、挑选等
3	有条件收货	品管员接到收货通知后,取消所有不合格标识。若外箱有不合格字样,则用绿色色带进行覆盖

六、不合格品的处置

不合格品的处置方式包括条件收货、拣用、返工与返修、退货、报废等。

1.条件收货

当不合格品经局部修整后可以直接使用且不影响产品的最终性能时,在品质上可视为允收品。对此类产品的接受,也称"让步接受"或"偏差接受"。

对于条件接收的货物,品管员应做出"特采"标记,并将验货信息传递给使用部门,以便及时采取相应措施。

> **小提示**
>
> 条件收货中的"条件",通常是指对供货商扣款或要求供货商进行补货。"让步接受""偏差接受"应有书面认可文件,且是一次性的,并限定一定的数量和范围,同时附有相应的预防措施。

2. 拣用

当来货基本合格但其中存在一定数量的不合格品时，企业在货物入仓或使用前，安排人员将不合格品剔除，然后再入仓或投入生产，这个过程称为"来货拣用"。

如果该批货物未经挑选即投入生产，则由使用部门边挑选边生产，这种做法称为"挑选性收货"。

3. 返工与返修

返工与返修是指对不合格品进行重新加工和修理，使其质量达到规定要求。

品管员在进行返工与返修作业时，应注意图6-9所示的要点。

1	熟悉品质允收标准，并向加工人员说明品质要求
2	掌握品质检验与试验的方法
3	记录返工产品的品名、规格、数量等信息
4	对返工品进行重检

图6-9 返工与返修控制要点

> **小提示**
>
> 返工后的产品经检验合格后才能放行。返修后的产品办理让步手续后才能放行。

4. 退货

退货是指因来货品质不合格，品管员鉴定后将其退回发货部门的行为。

不论被退货物是自制还是外购，品管员在做出退货决定前，都应考虑以下事项。

（1）来货可否以其他方式被接受，如挑选、返修。

（2）所退货物是否为产品的重要组成部分，若被接受使用，对产品的最终品质是否会造成严重影响。

（3）退货是否会造成生产线停工待料，如果来货会造成重大品质隐患，则一定要退货。

5. 报废

（1）品管员在做出报废决定前应考虑的问题。

① 报废是否造成较大的经济损失。

② 是整体报废，还是部分报废；产品的组件可否拆卸下来转作他用。

③ 进行批量报废时，应注意其中是否能检出允收品。

（2）报废的申请程序。由于物料、半成品、成品报废，将直接造成企业的经济损失，所以品管部在收到报废申请时必须认真核对，并指派品质管理人员亲临现场核查，确定物料或产品确实无法再利用时，方可同意报废申请。

（3）报废的审批权限。一般情况下，企业对物料或产品报废的审批权限，如图6-10所示。

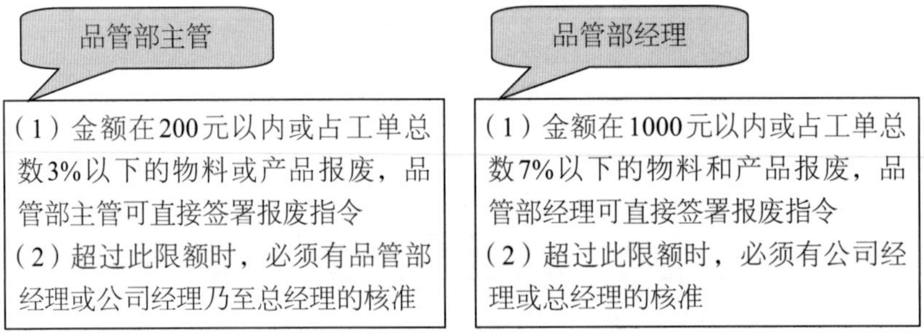

品管部主管
（1）金额在200元以内或占工单总数3%以下的物料或产品报废，品管部主管可直接签署报废指令
（2）超过此限额时，必须有品管部经理或公司经理乃至总经理的核准

品管部经理
（1）金额在1000元以内或占工单总数7%以下的物料和产品报废，品管部经理可直接签署报废指令
（2）超过此限额时，必须有公司经理或总经理的核准

图6-10 报废的审批权限

第七章
质量记录和信息管理

第一节　质量记录管理

质量记录包括但不限于原材料检验记录、生产过程监控记录、产品检验记录，可为企业质量管理体系的有效运行及持续改善提供依据。

一、质量记录的种类

1.产品质量记录

（1）产品质量规范。
（2）主要设备图纸、原材料构成说明。
（3）原材料检验报告。
（4）生产各阶段的产品检验报告。
（5）产品允许的偏差和获得认可的记录。
（6）不合格材料的处理记录。
（7）委托安装和保修期内服务的记录。
（8）产品质量投诉和采取纠正措施的记录。

2.质量体系运行记录

（1）质量审核报告和管理评审记录。
（2）对供方及产品定额的认可记录。
（3）过程控制记录。
（4）检验设备和仪器的校准记录。
（5）人员资格和培训记录。

> **小提示**
>
> 质量记录是实施质量体系的原始资料，应随着企业规模、产品类型、合同要求和质量体系的改变而调整。

二、质量记录的作用

质量记录是质量管理体系的关键要素，主要作用如图7-1所示。

图7-1 质量记录的作用

三、质量记录的管理

在质量记录管理方面，品管员应注意图7-2所示的要点，以确保质量记录的准确性、完整性和可追溯性。

图7-2 质量记录的管理要点

1.质量记录的设计与编制

（1）明确记录目的和内容。根据质量管理体系的要求，明确质量记录的内容和目的。

（2）设计记录表单。根据记录目的和内容，合理地设计记录表单，并进行编号。

例如，可以采用"HLLG-QR×××-×××××"的格式对质量记录编号，其中，"HLLG"为企业代码缩写，"QR×××"为记录表单所对应的标准条款编号，"×××××"为流水号。

（3）审核与批准。将编制好的质量记录表单提交给部门负责人审批，以确保表单的合理性和适用性。

2.质量记录的填写

（1）填写人员需按照要求，完整、准确、如实地记录。

（2）填写时应使用钢笔、圆珠笔或签字笔，确保字迹清晰。

（3）若有栏目无须填写内容，应以"/"标注。

（4）质量记录原则上不允许更改，若有少量更改，应经主管负责人确认。

3.质量记录的收集与保存

质量记录的收集与保存的要点如图7-3所示。

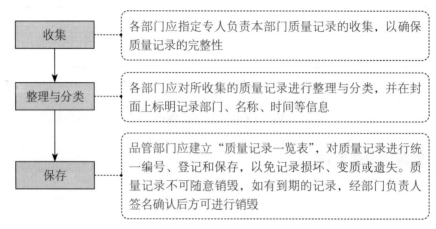

图7-3　质量记录收集与保存的要点

4.质量记录的查阅与销毁

（1）查阅。如有人员查阅质量记录，应得到部门负责人的批准。外来人员提出查阅需求时，经上级领导批准后，由本公司人员陪同查阅。

（2）销毁。质量记录应按规定的保存期限和程序进行销毁。

5.质量记录的持续改进

品管员应定期对质量记录的管理过程进行审查，发现问题应及时采取相应的措施，以提高质量记录管理的效率和效果。

第二节　质量信息管理

品管员应做好质量信息管理工作，为企业产品质量决策、质量控制和质量检查提供准确的信息资料。

一、质量信息的定义

质量信息是指质量形成过程中所产生的各种有用信息和资料。它是设计、制造、检验、销售、使用过程中产品质量和工作质量的反映，也是改善产品性能、满足客户需求和提高产品质量的重要依据，还是提高企业竞争能力的重要途径。

二、质量信息的来源

质量信息的来源包括但不限于：

（1）产品策划和论证过程中提出的质量要求及实施过程中产生的问题。

（2）产品研制过程中出现的问题和解决方案。

（3）产品生产（包括试制）过程中的质量控制数据。

（4）产品的检验结果与不合格品信息。

（5）产品交付和验收过程中的质量反馈与客户投诉。

（6）收集的客户需求信息。

（7）质量监督过程中发现的问题和改进措施。

三、质量信息的分类

可按重要性将质量信息分为A、B、C三类，具体如图7-4所示。

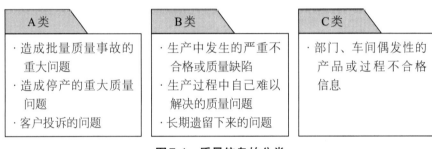

图7-4　质量信息的分类

四、质量信息管理的原则

品管员应遵循图7-5所示的原则对质量信息进行管理。

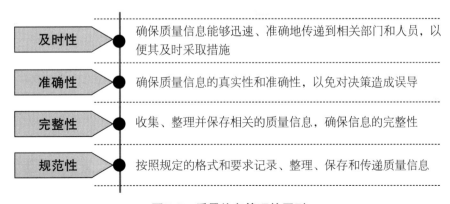

图7-5　质量信息管理的原则

五、质量信息管理的步骤

品管员在对质量信息进行管理时,可以采取图7-6所示的步骤。

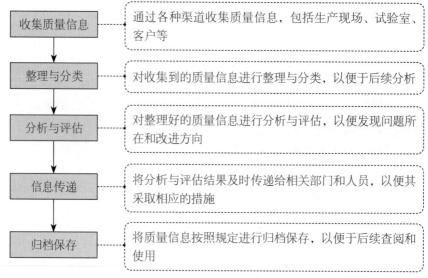

图7-6 质量信息管理的步骤

六、质量信息管理的注意事项

品管员需要注意以下事项。

(1)严格遵守质量信息管理规定,确保信息的准确性、及时性和有效性。

(2)加强对质量信息的保密,防止信息泄露和滥用。

(3)定期对质量信息进行汇总分析,并形成质量报告或质量简报,为企业管理层决策提供支持。

(4)不断提高质量信息管理的水平,以满足企业发展需求。

第八章
QC工具的应用

第一节 旧QC工具

新/旧QC七大工具（手法）源于日本。旧QC七大工具包括直方图法、层别法、柏拉图法、鱼骨图法、检查表法、散布图法、控制图法，侧重于问题发生后的改善，是常用的品质管理工具。

一、直方图法

1.什么是直方图

直方图是把质量问题图表化的工具。通过对收集的数据进行处理，可以反映产品质量的分布情况，判断和预测产品质量不合格率。

直方图又称质量分布图，是一种几何图形，它将从生产过程中收集的质量数据，绘成以组距为底、以频数为高的一系列直方矩形图。

2.直方图的制作目的

制作直方图的目的就是通过观察图形的形状，判断生产过程是否稳定，预测产品质量是否合格。具体来说，制作直方图的目的有：

（1）判断已加工完毕的产品质量。

（2）验证工序的稳定性。

（3）为计算工序能力提供数据。

3.直方图的制作步骤

（1）收集数据或样本。要收集50个以上的数据（最好能收集100个以上），以N表示。

（2）确定组数。

组数用K表示：$K=\sqrt{N}$ 或 $K=\dfrac{R}{1+3.322\lg N}$（$R$表示全距）

可按照表8-1来确定组数。

表8-1 确定组数表

数据（N）	组数（K）
50～100	6～10
100～125	7～12
250以上	10～20

（3）确定组距。

① 确定组距前先计算全距：

$$全距（R）=数据最大值-数据最小值$$

② 求组距C：

$$C=\frac{全距}{组数}=\frac{R}{K}$$

（4）计算组界。

① 以测定值单位的1/2作为组界值的单位，也称为组界精密度。

$$组界精密度=\frac{测定值的单位}{2}$$

② 下组界=最小数据值-组界精密度

上组界=前一组下组界+组距

（5）求各组的中心值。

$$各组的中心值=\frac{上组界+下组界}{2}$$

（6）制作次数分配表。

 **实例**

某钢线厂生产的钢线抗拉强度为81.00±2.55千克/厘米，请绘成直方图。

（1）收集抗拉强度数据100个，如下表所示。

收集的抗拉强度数据

第一列	第二列	第三列	第四列	第五列	第六列	第七列	第八列	第九列	第十列
79.2	79.9	82.3	80.5	81.2	81.2	80.2	80.4	80.6	79.9
79.8	78.4	81.1	79.9	79.7	81.2	80.4	80.0	80.1	80.0
79.6	79.0	80.1	80.8	80.4	79.9	80.1	82.1	79.9	80.2
77.8	80.0	79.7	81.0	80.9	80.1	80.8	79.5	79.4	78.8
79.9	81.6	81.3	82.0	79.1	79.9	78.8	79.7	81.6	81.5
80.1	80.8	80.8	81.1	81.6	80.9	80.1	79.8	81.7	79.7
80.0	80.7	78.4	81.9	79.4	80.3	80.6	78.5	78.8	78.0
80.3	80.0	82.8	79.4	80.0	80.4	77.5	80.1	79.3	78.6
81.5	80.5	80.4	78.9	81.2	80.5	80.9	79.8	81.4	80.6
79.0	80.6	79.0	79.1	80.8	79.4	79.9	79.5	79.7	80.7

(2) 求出数据的最大值(L)和最小值(S)。

先求出各列的最大值、最小值,再算出整体的最大值、最小值。

最大值	81.5	81.6	82.8	82.0	81.6	81.2	80.9	82.1	81.7	81.5
最小值	77.8	78.4	78.4	78.9	79.1	79.4	77.5	78.5	78.8	78.0

由此可知,整体的最大值为82.8,最小值为77.5。

(3) 确定组数K。

$$组数 = \sqrt{数据数} \quad (整数值)$$

即:$组数 = \sqrt{100} = 10$

(4) 确定组距C。

$$组距 = \frac{最大值-最小值}{组数} \quad (此值为测定单位值的整数倍数)$$

即:$组距 = \frac{82.8-77.5}{10} = \frac{5.3}{10} = 0.53$

因为测定器刻度读数最小为0.1,所以组距为0.5。

(为便于计算平均数或标准差,组距常取5或2的倍数)

(5) 确定组间的界值(组界)。

组间的界值以最小测定值的1/2来决定。

$$第一组下限 = 最小值 - \frac{最大测定单位}{2}$$

第一组上限 = 第一组下限 + 组距

第二组下限 = 第一组上限

第二组上限 = 第二组下限 + 组距(其余类推)

即:$第一组下限 = 77.5 - \frac{0.1}{2} = 77.45$

第一组上限 = 77.45 + 0.5 = 77.95(组距0.5)

第一组为77.45~77.95(组距0.5)

第二组为77.95~78.45(组距0.5)

第三组为78.45~78.95(组距0.5)

(6) 求出组中点。

$$组中点 = \frac{组下限+组上限}{2}$$

即:$第一组组中值 = \frac{77.45+77.95}{2} = \frac{155.4}{2} = 77.7$

(7) 制成数据次数分配表,如下表所示。

数据次数分配表

组数	组界	组中点	标记	次数
1	77.45～77.95	77.7	丁	2
2	77.95～78.45	78.2	下	3
3	78.45～78.95	78.7	正一	6
4	78.95～79.45	79.2	正正一	11
5	79.45～79.95	79.7	正正正下	19
6	79.95～80.45	80.2	正正正正丁	22
7	80.45～80.95	80.7	正正正丁	17
8	80.95～81.45	81.2	正下	9
9	81.45～81.95	81.7	正丁	7
10	81.95～82.45	82.2	下	3
11	82.45～82.95	82.7	一	1
合计				100

4.直方图的常见图形

常见的直方图如图8-1至图8-6所示。

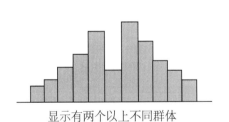

显示有两个以上不同群体

图8-1 双峰形直方图

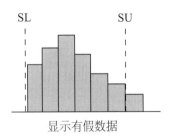

显示有假数据

图8-2 峭壁形直方图

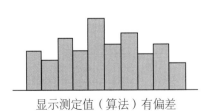

显示测定值（算法）有偏差

图8-3 锯齿形直方图

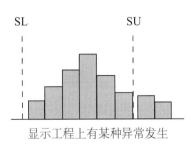

显示工程上有某种异常发生

图8-4 孤岛形直方图

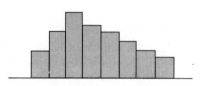
显示规格下限受到某种
原因限制而将分配向右移

图8-5 偏态形直方图

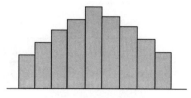
显示正常制程或能力

图8-6 常态形直方图

5.直方图与规格或标准值的比较

直方图与规格或标准值的比较如图8-7所示。

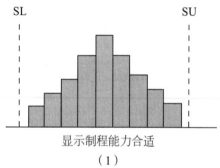

显示制程能力合适
（1）

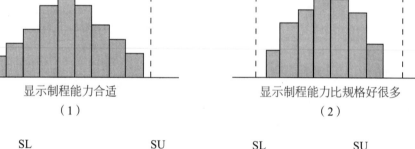

显示制程能力比规格好很多
（2）

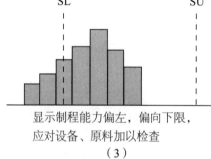

显示制程能力偏左，偏向下限，
应对设备、原料加以检查
（3）

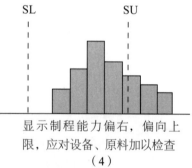

显示制程能力偏右，偏向上
限，应对设备、原料加以检查
（4）

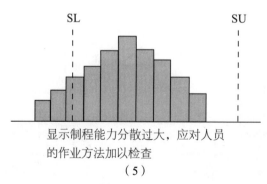

显示制程能力分散过大，应对人员
的作业方法加以检查
（5）

图8-7 直方图与规格或标准值的比较

二、层别法

1.什么是层别法

影响产品品质的因素不外乎原材料、机器设备或操作人员、操作方法。如果能找出哪种原料、哪一台机器或哪一位操作人员有问题,并加以改善,那么就可以杜绝不良品发生。这种分层别类地收集数据,以找出其中异常的方法就叫层别法。层别法因绘制过程中有依序推移的现象,因此又称为推移图法。

2.层别法的实施步骤

(1)明确层别法的项目与对象。

层别法的对象与项目如表8-2所示。

表8-2 层别法的对象与项目

层别对象	项目	举例说明
时间层别	小时、日期、周、月、季节等	制程中温度的管理常以每小时来分层
作业员层别	班别、操作法、熟练度、年龄、性别、教育程度等	A班及B班的成品品质
机械、设备层别	场所、机型、工具、编号、速度等	不同机型生产相同产品的不良率
作业条件层别	温度、湿度、压力、作业时间、作业方法、测定仪器等	对温湿度敏感的作业现场应对温度和湿度进行层别
原材料层别	供应者、制造厂、产地、材质、大小、储存期间、成分等	同一厂商供应的原材料也应区分批号,以便发生不良时能迅速采取应急措施
测定层别	测定仪器、测定人员、测定方法等	
检查层别	检查人员、检查场所、检查方法等	
其他	良品与不良品、包装、搬运方法等	

(2)利用查检表收集数据。
(3)根据数据绘制推移层别图。

实例

某厂生产主机板,从A、B、C三家厂商进料,根据IQC的进料检验记录,请比较三家供应商品质状况。

（1）三家供应商物料检验记录如下表所示。

供应商物料检验记录

	不良项目	5月2日	5月3日	5月4日	5月5日	5月6日	5月7日	5月10日	5月11日	合计
A厂商	喷锡不良	正丅	正一	正	正	下	正一	正	正	42
	孔位偏	下	丅	下	下	下	丅	下	丅	21
	断线	丅	正	丅	丅	丅	丅	丅	丅	22
	锡皱	下	丅	丅	丅	一	丅	丅	一	12
	绿漆不均	下	丅		下	丅	丅	丅		16
	板面划伤		正一	下	正		正	正正丅	正	36
	其他	丅	下							9
	不良数	20	26	16	18	14	22	24	18	158
	不良率	10%	13%	8%	9%	7%	11%	12%	9%	
B厂商	喷锡不良	丅	下	丅	一		下	丅	一	14
	孔位偏	丅					丅			9
	断线		一				丅			7
	锡皱		下	丅						9
	绿漆不均	丅	丅				一			5
	板面划伤	下	丅	丅			下	丅		16
	其他	一				一				3
	不良数	12	12	6	4	3	12	8	6	63
	不良率	6%	6%	3%	2%	1.5%	6%	4%	3%	
C厂商	喷锡不良	正	正	正	丅	一	下	丅	丅	24
	孔位偏	丅	一	一	一	一	丅	一		7
	断线	一	丅		丅	丅	丅	丅	丅	11
	锡皱	一	丅	丅	丅	丅		丅	丅	10
	绿漆不均	丅					丅		丅	8
	板面划伤	正	正丅	下	正	下	下	下	正	34
	其他	一				一		一		4
	不良数	16	18	10	8	10	14	10	12	98
	不良率	8%	9%	5%	4%	5%	7%	5%	6%	

(2)根据资料制作厂商层别不良率推移图。

注：A厂商"◎"，B厂商"☆"，C厂商"△"。

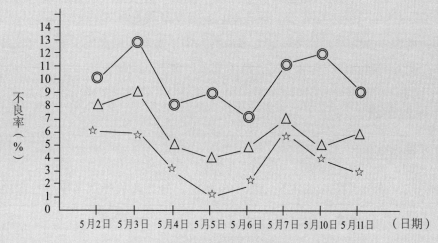

厂商层别不良率推移图

(3)根据资料制作不良项目层别缺点数推移图。

注：A厂商"◎"，B厂商"☆"，C厂商"△"。

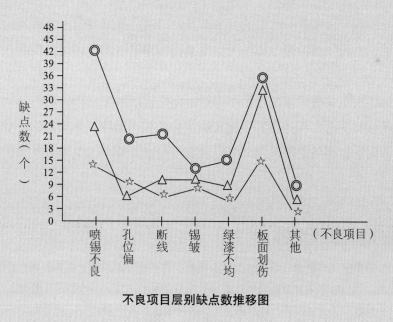

不良项目层别缺点数推移图

3.层别法应用的注意事项

（1）在收集数据之前就使用层别法

在解决日常问题时，经常会对收集的数据进行分类与统计，如果得到不合理的结果，就要重新收集数据，费时又费力，所以在收集数据之前应认真考虑数据的背景，先层别再收集。

（2）其他QC工具的运用应特别注意层别法的使用

QC工具中的柏拉图、检查表、散布图、直方图和控制图都应以发现问题来进行层别。例如，制作柏拉图时，如果设定太多项目，则不易发现问题的关键，这就是层别不良。另外，直方图中的双峰形图或高原形图都有层别不良问题。

三、柏拉图法

1.什么是柏拉图

柏拉图法又称排列图法或主次因素分析图法，是意大利经济学家柏拉图博士发明的，主要是将收集的数据、项目按大小顺序自左而右排列形成图。

2.柏拉图的作用

从柏拉图中可看出哪一个项目有问题、问题的影响程度如何，从而判断问题症结点，并采取有针对性的改善对策。

在生产过程中，影响产品质量的因素众多，迅速、准确找出主要因素的最有效方法就是柏拉图法，它可以帮助企业抓住关键因素，利用有限的资源解决问题，取得更大的经济效益。

利用柏拉图法不仅可确定某个产品的质量问题，还能在合理分层的基础上找出各层的主要矛盾及相互关系。例如，利用柏拉图法可以找出影响产品质量的主要工序是铸造和金属加工，而在这两组工序内部又可以发现产品主要部件、关键零件及关键工序等存在的问题。

> **小提示**
>
> 柏拉图法的运用十分简单，根据"关键少数和次要多数"的原理，先将影响产品质量的诸多因素罗列出来，然后按照某种质量特性值或频数将其从大到小排列并绘制出柏拉图，从而确定出关键因素。一旦确定了关键因素，就知道了有效改进质量的着手点。

3.柏拉图法的应用步骤

（1）列出原因类别清单

首先列出原因类别清单，如错误、步骤、原因等可通过因果图得出，如表8-3所示。

表8-3 原因类别清单（频次）

错误	频次	占总数的百分比（%）	累计百分比（%）
A	110	40.2	40.2
B	63	23.1	63.3
C	47	17.2	80.5
D	28	10.3	90.8
E	19	7.0	97.8
F	6	2.2	100.0
合计	273	100.0	—

（2）确定比较变量

用来比较各组原因类别的标准，例如：

① 频次：特定问题、错误、原因等出现的频繁程度。

② 成本：差错的成本。

③ 时间：每一种原因引起多长时间的延误。

（3）收集数据

先确定数据收集方法，然后再收集数据。

（4）计算总数

计算每一个变量（表8-3中第二栏）的总数，确定每组原因占总数的百分比（表8-3中第三栏）。

（5）确定数据排列顺序

将所有变量按由大到小的顺序排列，并计算累计百分比（见表8-3中第四栏）。

（6）绘制排列图

绘制排列图，纵坐标表示原因类别发生的频次，横坐标表示原因类别，因此可以看出哪一组原因类别频次最高，如图8-8所示。例如，错误A总共110次，频次属最高，在图中用条块A表示。

当横坐标有很多组原因类别时，排列图可能变得很宽。比较10组以上的原因类别时，可以将小错误并入到其他组别中，并将该组放在最靠右一栏，这样即可以缩短横坐标。

正确地选择纵坐标变量及横坐标原因类别，可以帮助企业找到最主要的问题，节约时间和精力，有效提高产品质量。

六组原因类别对应的成本如表8-4所示。

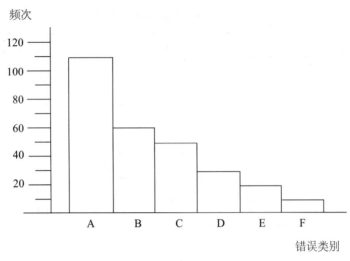

图8-8 根据频次绘制的排列图

表8-4 六组原因类别对应的成本

类别	成本（千元）
A	0.45
B	1.11
C	6.38
D	1.07
E	7.89
F	2.00

从发生频次上看，错误A似乎最值得关注。然而，如果考虑每种错误的成本，则各类错误的排列顺序可能会发生变化。

根据表8-4的信息，可重新计算数据，如表8-5所示。

表8-5 错误类别成本计算数据

错误类别	成本（千元）	频次	总成本（千元）	顺序	
				原先	现在
A	0.45	110	49.50	1	4
B	1.11	63	69.93	2	3
C	6.38	47	299.86	3	1
D	1.07	28	29.96	4	5
E	7.89	19	149.91	5	2
F	2.00	6	12.00	6	6
合计	18.90	273	611.16		

重复上述步骤，用成本数据代替频次数据，得出原因类别清单如表8-6所示。

表8-6 原因类别清单（成本）

类别	成本（千元）	占总数的百分比（%）	累计百分比（%）
C	300	49.0	49.0
E	150	24.5	73.5
B	70	11.4	84.9
A	50	8.2	93.1
D	30	4.9	98.0
F	12	2.0	100.0
合计	612	100.0	—

用纵坐标表示成本，重新绘制排列图，如图8-9所示。

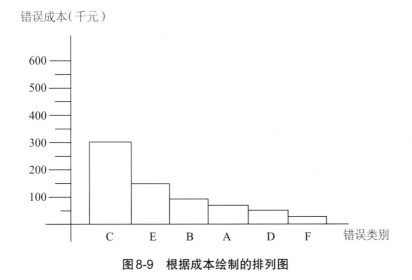

图8-9 根据成本绘制的排列图

如果初始目的是减少输出错误的数量，则表8-6的数据可能起误导作用。

排列图可以通过绘出累计百分比曲线得以加强。第一步是绘制百分比数据点。第一点只是最大项本身——即错误C。第二点表示错误C的百分比加上错误E的百分比，即C和E的百分比之和。依次类推，直至所有的数据点全部包括在内（见图8-10）。

第二步是绘制累计百分比曲线。将各个累计数据点连接起来。在排列图的右侧边缘画上第二条纵坐标，刻度从0开始，100%正好与全部累计点的顶部对准。最后从刻度80%处划一条水平线与累计百分比曲线交叉，由此交叉点向下画一条垂直线，直到水平轴线。此垂直线左边的原因类别即是关键的少数（见图8-11所示）。

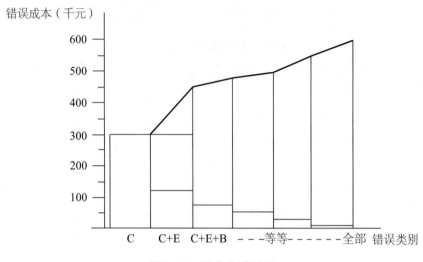

图 8-10　百分比排列图

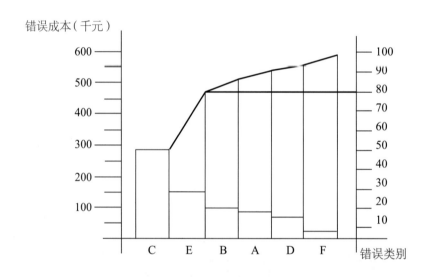

图 8-11　累计百分比排列图

（7）排列图分析

可以优先处理关键的少数，即出现在 80% 线左边的原因类别。但是，仅需选择这些关键少数中的一项，选择原则为：

① 有利于控制。为达成改进目标，必须选择那些能控制的因素。例如，若时间是主要考虑的因素，第一个条块是客户对修理估价做出反应的时间，这一因素完全不能控制；第二个条块是从货仓获取零件的时间，这一因素可以控制，因此应选择该条块。

② 有利于改进。在关键少数中既要考虑改进潜力最大的因素，也不能忽视有用的多数。有时，一些现在看起来微不足道的问题以后可能变得很重要。分析有用的多数，从中找出"定时炸弹"，很重要。

③ 评估。排列图对评价某一解决方案也有很大的作用，错误统计排列图就是一个很好的例子。初始问题分解显示各类错误的数量，如图8-12所示。

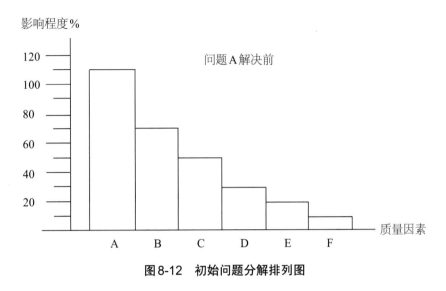

图 8-12　初始问题分解排列图

分析并解决了问题A之后，可以着手另一组错误的统计，并绘制新的排列图，如图8-13所示。

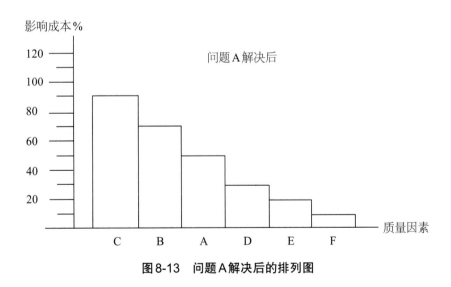

图 8-13　问题A解决后的排列图

通过这两个图可以看出：错误A的数量大幅度下降，而错误C却增加了。如果单独分析错误A，会得出问题得到较好解决的结论，但从柏拉图分析可知解决方案并不理想，因为它使错误C大幅度增加了。

绘制问题解决前和问题解决后的排列图颇为重要，因为它显示了问题解决方案对整个问题领域的影响。

四、鱼骨图法

1. 什么是鱼骨图

鱼骨图又称因果分析图，因为是日本人石川馨所创，所以又称石川图。它是表示原因与结果之间关系的图形。鱼骨图的作用为：

（1）识别问题。

（2）制定决策。

（3）改进过程管理。

（4）促进团队合作。

鱼骨图的模式如图8-14所示。

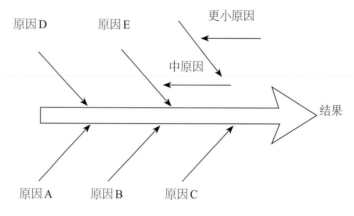

图8-14　鱼骨图

2. 鱼骨图的绘制

（1）确定要研究的问题（原因）。

要想找出问题的真正原因，首先要确定问题相关的特性。

（2）准备纸张，绘制鱼骨图的骨架。从左向右画一条线，箭头对准一个框，框里填写要解决的问题。

（3）大方向原因通常是4M，即材料（Material）、机器（Machine）、人（Man）、方法（Method）。将大方向原因（或对策）绘制在中骨上，并以 ▭ 圈起来，与主轴一般成45度角。

（4）分析大方向原因，并细分为中小原因。

（5）逐步过滤，找出主要原因。

（6）对主要原因进行再分析，并制定解决对策。

 **实例**

某制造部门的生产效率一直偏低,连续三个月均在65%～75%,请用鱼骨图分析法,找出主要原因,并采取改善措施。

步骤一:

要解决的问题是生产效率低。

步骤二:

找出大方向原因,从4M1E着手。

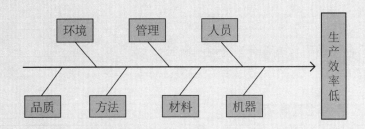

步骤三:

将大方向原因细化为中小原因。

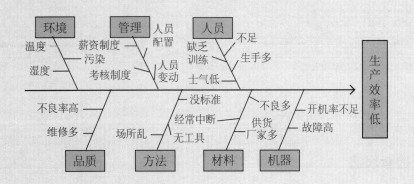

步骤四:

找出主要原因,并把它圈起来。

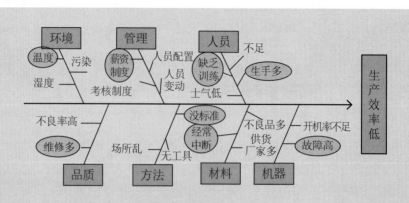

步骤五：

对主要原因进行再分析。

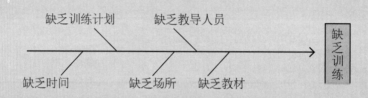

步骤六：

根据找出的原因制订改善计划并逐项执行。

3.鱼骨图应用的注意事项

（1）确定问题时不能使用含混不清或抽象的主题。

（2）收集多数人的意见，采用脑力激荡法。

（3）注意层别（原因区别、机种区别、设备区别、生产线区别等）。

（4）无因果关系的资料不予归类。

（5）灵活使用过去收集的资料。

（6）重点应放在解决问题上，并依据结果提出对策。

（7）以事实为依据。

（8）根据分析结果分别制作鱼骨图。

五、检查表法

1.什么是检查表

检查表是为了便于收集数据而使用简单符号填写并整理的表格或图表。

> **小提示**
>
> 检查表对于观察工作现场事务状态、收集数据以及改善问题有很大帮助,常见的有作业前检查表、设备操作检查表、机器保养检查表、生产状况检查表等。

2.检查表的种类

检查表可分记录用检查表和点检用检查表两大类。

（1）记录用检查表

用于掌握问题的分布状态,分析不良或缺点发生的属性及数量。一般分为两类:

① 计数值检查表。如表8-7所示,事先将检查的项目予以层别,并以正字或其他符号记录。

表8-7 计数值检查表

不良种类	星期一	星期二	星期三	星期四	星期五	星期六	合计
尺寸不符	正正		正	正一	正丅	丅	31
毛边	丅	一	一		一	丅	7
加工错误	正一	丅	丅	正		丅	18
形状不符	丅			一			4
表面伤痕	正一	一	丅	一			10
其他	丅		丅		丅	一	9
小计	28	5	13	13	11	9	79

② 计量值检查表。如表8-8所示,检查项目为计量值的时候,将测定结果登记在相应组内。

表8-8 计量值检查表

特性规格	检查结果	小计
3.05～3.44	丅	3
3.45～3.84	正丅	8
3.85～4.24	正正正	15
4.25～4.64	正正丅	12
4.65～5.04	正丅	7
5.05～5.44	丅	2
合计		47

（2）点检用检查表

将点检项目与内容事先确定好，并逐项点检确认，如表8-9所示。

表8-9 点检用检查表

点检项目	点检内容	点检结果	备注
刹车箱开闭器	关闭机构状态	良好	
	端子是否松弛	没有	
	刃与刃的接触状况	良好	
	保险丝是否良好	良好	
	有无把手绝缘物	有	
选择器开关、切断开关	按钮是否有指示	有	
	动作试验状态	良好	
	螺母是否锁紧	是	
	接点接触状态	良好	

3.检查表的制作

（1）明确目的：以便提出改善对策。

（2）确定检查项目：从鱼骨图中圈选4～6项来决定。

（3）确定抽检方式：全检或抽检。

（4）确定检查方式：检查基准、检查数量、检查时间与期间、检查对象。

（5）设计表格，实施检查。

4.检查表的应用

数据收集完，首先观察整体数据是否代表某些事实、是否集中在某些项目，以及各项目之间是否存在差异等。另外，也要特别注意周期性变化的情况。

> **小提示**
>
> 检查表制作完成后即可利用柏拉图法加工整理，以便找出问题的关键。

六、散布图法

1.什么是散布图

散布图又叫相关图，是将两个可能相关的变量数据反映在坐标图上，表示数据之间的关系。这种成对的数据之间可能是"特性—原因，特性—特性，原因—原因"的关系。

2. 散布图的制作

（1）收集两个变量对应的相关数据，最好30组以上（如硬度与抗张力、添加量与柔软度等）。

（2）找出数据中的最大值与最小值。

（3）分别在横轴（x）与纵轴（y）上列出品质特性。

（4）把对应数据绘制在坐标上。

（5）两组数据相同时应另作记号。

（6）在图中填上附加信息，如品名、工程名、日期、制表人等。

注意：为了便于分析数据之间的相关关系，两个坐标数值的最大值与最小值范围应基本相等，如图8-15所示。

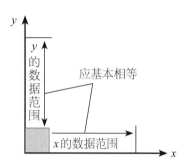

图8-15 散布图的横纵坐标范围

 实例

下表所列数据为某一钢制品的淬火温度与硬度，请问它们之间是否有相关性？

钢制品淬火温度与硬度表

单位：淬火温度（℃）硬度（HR-C）

序号	淬火温度（X）	硬度（Y）	序号	淬火温度（X）	硬度（Y）	序号	淬火温度（X）	硬度（Y）
1	810	47	11	840	52	21	810	44
2	890	56	12	870	53	22	850	53
3	850	48	13	830	51	23	880	54
4	840	45	14	830	45	24	880	57
5	850	54	15	820	46	25	840	50
6	890	59	16	820	48	26	880	54
7	870	50	17	860	55	27	830	46
8	860	51	18	870	55	28	860	52
9	810	52	19	830	49	29	860	50
10	820	53	20	820	44	30	840	49

X：最大值=890　最小值=810　　Y：最大值=59　最小值=42

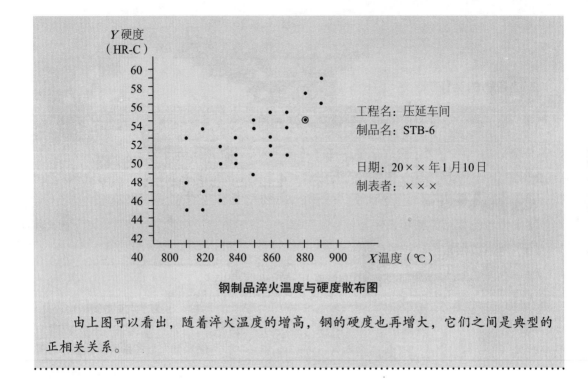

钢制品淬火温度与硬度散布图

由上图可以看出，随着淬火温度的增高，钢的硬度也再增大，它们之间是典型的正相关关系。

3. 散布图的形态

散布图的形态如图8-16所示。

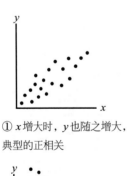

① x 增大时，y 也随之增大，典型的正相关

② x 增大时，y 反而减小，典型的负相关

③ x 增大时，y 也随之增大，非极显著的正相关

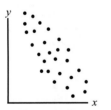

④ x 增大时，y 反而减小，非极显著的负相关

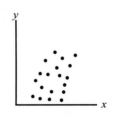

⑤ x 与 y 之间看不出有何关系

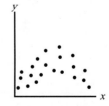

⑥ 开始 x 增大时，y 也随之增大，但达到某一值以后，x 增大时，y 却减小

图8-16 散布图的形态

4.制作散布图的注意事项

（1）对数据进行正确分层。

如果不分层，可能从整体上观察不出两个因素之间的相关性。

（2）观察是否存在异常点或离群点。

对于异常点，应查明原因，如果是不正常的条件或错误造成的，则将它剔除；对于那些找不出原因的异常点，应慎重处理，它们很可能包含着某种规律。

（3）当收集的数据较多时，难免出现重复。

对于重复的数据，可以用双重圈或多重圈表示，也可在点的右上方注明重复次数。

（4）注意数据的取值范围。

一般不能随意更改数据的取值范围。当取值范围改变时，应再次进行分析与检验。

七、控制图法

控制图又称管理图，是在直角坐标系内确定控制界限并描述生产过程中产品质量波动状态的图形（见图8-17）。利用控制图，可查明质量波动的原因，判断生产过程是否稳定。

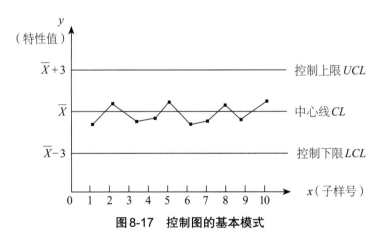

图8-17 控制图的基本模式

通常采用平均值加减三个标准差（$\pm\sigma$）作为控制图的控制界限（见图8-18），这样最能符合经济性原则。

1.控制图的作用

控制图的作用主要有以下两个。

（1）过程分析，即分析生产过程是否稳定。因而，应随机连续地收集数据绘制控制图，以便观察数据点的真实分布情况。

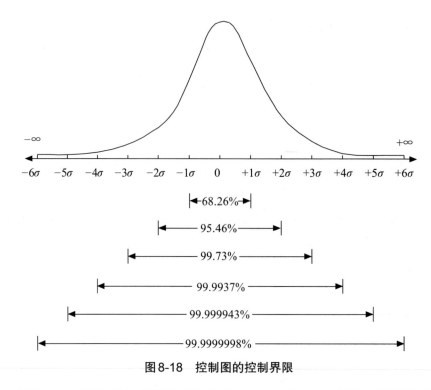

图8-18 控制图的控制界限

（2）过程控制，即控制生产过程的质量状态。因而，应定期抽取数据绘制控制图，以便及时发现并消除生产过程中的不正常现象，预防不良品的产生。

2. 控制图的原理

生产过程处于控制状态时，产品总体的质量特性数据一般服从正态分布，即 $x \sim N(\mu, \sigma^2)$（注：μ——均值，σ——标准差）。质量特性值落在 $\mu \pm 3\sigma$ 内的概率约为99.73%，落在 $\mu \pm 3\sigma$ 以外的概率只有0.27%，因此可用 $\mu \pm 3\sigma$ 作为控制界限。控制图需要设置中心线CL（Central Line）、控制上限UCL（Upper Control Limit）、控制下限LCL（Lower Control Limit）。

$$CL = \mu$$
$$UCL = \mu + 3\sigma$$
$$LCL = \mu - 3\sigma$$

3. 控制图的种类

（1）计量值控制图

计量值控制图是指控制图中的数据均由量具实际测量而得，如长度、重量、成分等连续性数据。最常见的计量值控制图有：

① 平均数与全距控制图（$\overline{X}$-R Chart）。

② 平均数与标准差控制图（$\overline{X}\text{-}\sigma$ Chart）。

③ 中位数与全距控制图（$\widetilde{X}\text{-}R$ Chart）。

④ 个别值与移动全距控制图（$X\text{-}R_m$ Chart）。

计量值控制图的优缺点如表8-10所示。

表8-10 计量值控制图的优缺点

优点	（1）用于制程控制，易于调查事故发生的原因，而且可以预测日后的不良状况 （2）能及时找出不良原因，确保产品品质稳定，是优良的控制工具
缺点	需要经常抽样、测定以及计算，较为麻烦，而且浪费时间

（2）计数值控制图

计数值控制图是指控制图中的数据均以单位计数，如不良数、缺点数等间断数据。最常见的计数值控制图有：

① 不良率控制图（p Chart）。

② 不良数控制图（np Chart）。

③ 缺点数控制图（c Chart）。

④ 单位缺点数控制图（u Chart）。

计数值控制图的优缺点如表8-11所示。

表8-11 计数值控制图的优缺点

优点	（1）在生产完成后才抽取样本，获得数据的方法简单 （2）便于了解企业整体的品质状况
缺点	只利用控制图，有时无法发现产生不良的真正原因，因而不能及时采取处理措施

4.控制图的制作

（1）确定质量特性

应选择影响产品质量的关键特性。这些特性应能够计量（或计数），并且在技术上可以控制。

（2）收集数据

应连续收集近期的、与目前工序状态一致的数据。一般按时间顺序将数据分为若干组，每组样本容量相同，数据总数不少于100个。

（3）确定控制界限

首先，求出每组样本质量特性值的统计量观测值；然后，计算所有样本观测值的平均数；最后，根据算得的平均值确定控制图的中心线（CL）、控制上限（UCL）及控制下限（LCL）。

（4）绘制控制图

首先，绘制中心线及控制上下限。

然后，按一定的时间间隔（或产量间隔）进行整群随机抽样，测定子样的质量特性值，并逐个描绘在坐标图上。

> **小提示**
>
> 控制图中上下控制界限之间为安全区，控制界限与公差界限之间为警戒区，超出公差界限为废品区。

（5）修正控制界限

有时所得样本不能正确地反映质量总体的分布特征，这时就需要把所得各样本统计量观测值标在控制图上，找出异常点并分析原因。如确是某种系统性原因造成的，则将其剔除。然后根据剩下的统计量观测值，重新计算控制界限并绘制控制图。

5.控制图的判断

我们应该能从控制图显示的信息中判断制程是否正常、是否处于管制状态。

（1）正常的控制图

① 在正常的控制图中，大多数点集中在中心线附近，且随机散布，而控制界限附近的点则很少。

② 通常，25个点中有0个点、35个点中有1点以下、100个点中有2点以下超出控制界限，可视为稳定状态的控制图。因为控制图的上下界限间仅包含约99.73%的质量特性，所以在大量样本点中，有极少点超出控制界限，制程仍处于控制状态。如图8-19即为正常的控制图。

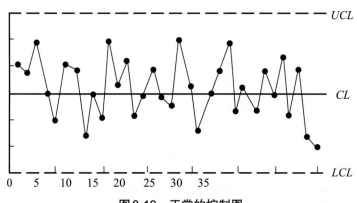

图8-19　正常的控制图

（2）不正常的控制图

当发现样本点的分布不呈随机性或有点落在控制界限外时，则说明制程存在非偶然性变异，应追查异常原因并剔除。以下是几种常见的不正常控制图。

① 当点超出控制界限时，应追查原因，如图8-20所示。

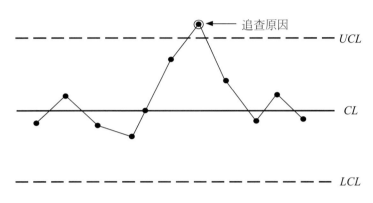

图8-20　点超出控制界限的控制图

② 点在中心线某一侧连续出现，如图8-21所示。

存在连续5点，应注意后续的动态。

存在连续6点，应追查原因。

存在连续7点，说明有非偶然性原因，应采取措施使其恢复正常状态。

连续7点在中心线与控制界限间出现的概率为 $\left(\dfrac{1}{2}\right)^7 = \dfrac{1}{128} \approx 0.0078$

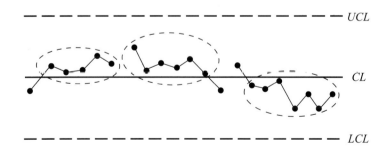

图8-21　点在中心线某一侧连续出现的控制图

③ 点在中心线某一侧出现较多时，应及时追查原因，如图8-22所示。

如果连续11点中有10点、连续14点中有12点、连续17点中有14点、连续20点中有16点出现在中心线的某一侧，说明存在问题。

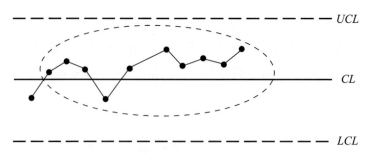

图8-22 点在中心线某一侧出现较多的控制图

④ 控制图中各点连续朝同一方向变动，如图8-23所示。

存在连续5点，应加以注意。

存在连续6点，开始追查。

存在连续7点，说明有非偶然性原因，应采取措施。

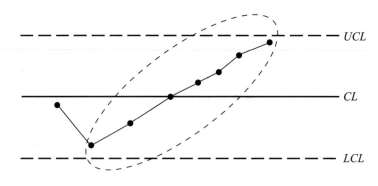

图8-23 各点连续朝同一方向变动的控制图

⑤ 如果控制图中各点多处于2σ线与3σ线之间，则存在非偶然性原因，应立即追查原因，如图8-24所示。

如果连续3点中有2点、连续7点中有3点、连续10点中有4点处于2σ线与3σ线之间，说明存在问题。

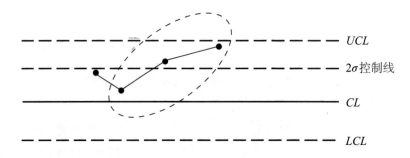

图8-24 点处于2σ线与3σ线之间较多的控制图

(3) $\overline{X}$-R 控制图

① 控制图中各点形成循环状态,如图8-25所示。

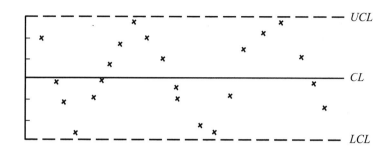

图8-25 各点形成循环状态的控制图

影响控制图中 $\overline{X}$ 与 R 的因素如表8-12所示。

表8-12 影响控制图中 $\overline{X}$ 与 R 的因素(1)

影响 $\overline{X}$ 的因素	影响R的因素
(1) 工作环境(如温度)的周期性变化 (2) 化学物品的浓度 (3) 工作人员的疲劳程度 (4) 电瓶定期充电情况 (5) 刀具的磨损程度	(1) 预防与维护措施 (2) 机器设备的定期调整 (3) 工作人员的疲劳程度

② 控制图中各点呈现某一种趋势,如图8-26所示。

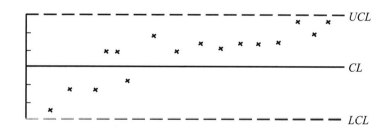

图8-26 各点呈现某一种趋势的控制图

影响控制图中 $\overline{X}$ 与 R 的因素如表8-13所示。

表8-13 影响控制图中 $\overline{X}$ 与 R 的因素(2)

影响 $\overline{X}$ 的因素	影响R的因素
(1) 刀具或设备的老化 (2) 不良件的累积 (3) 工作人员的疲劳程度	(1) 工作人员的疲劳程度 (2) 材料均匀度的变化 (3) 设备的保养情况

③ 控制图中各点毫无规则地跳动，如图8-27所示。

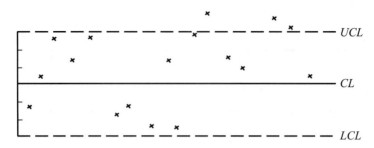

图8-27　各点毫无规则跳动的控制图

影响控制图中 $\overline{X}$ 与 R 的因素如表8-14所示。

表8-14　影响控制图中 $\overline{X}$ 与 R 的因素（3）

影响 $\overline{X}$ 的因素	影响 R 的因素
（1）原料规格的改变 （2）操作人员技术 （3）新购进机器设备 （4）生产方法或制程的改变 （5）检验方法或设备的改变 （6）设备故障	（1）操作人员的更换 （2）材料的改变 （3）方法的改变 （4）工作环境的改变

④ 控制图中多个点接近或超出控制界限，如图8-28所示。

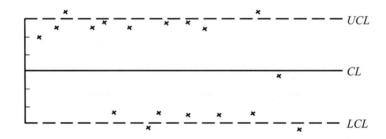

图8-28　多点接近或超出控制界限的控制图

影响控制图中 $\overline{X}$ 与 R 的因素如表8-15所示。

表8-15　影响控制图中 $\overline{X}$ 与 R 的因素（4）

影响 $\overline{X}$ 的因素	影响 R 的因素
（1）控制过于严格 （2）制程能力不足 （3）检验设备的精密度不够 （4）不同制程资料绘制于同一图内	（1）不同的工作人员使用同一个R控制图 （2）不同品质的材料混合使用 （3）操作条件的不稳定

⑤ 控制图中各点集中于中心线附近且变化很小，如图8-29所示。

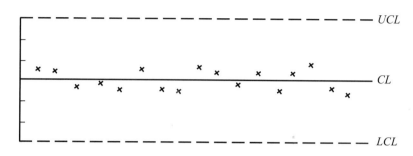

图8-29　各点集中于中心线附近且变化很小的控制图

影响控制图中$\bar{X}$与R的因素如表8-16所示。

表8-16　影响控制图中$\bar{X}$与R的因素（5）

影响$\bar{X}$的因素	影响R的因素
（1）控制过于宽松 （2）控制界限计算错误	同一样本中的各测量值可能来自不同的群体

第二节　新QC工具

新QC工具包括亲和图法、PDPC法、矩阵数据分析法、关联图法、矩阵图法、系统图法、箭线图法，侧重于思考与分析的过程，主要在问题发生前进行预防。

一、亲和图法

亲和图法又称KJ法，由日本人川喜田二郎创建。

> **小提示**
>
> 亲和图是将所收集的杂乱无章的资料按亲和性加以整理，并分析内在的规律，从而对未知领域建立系统的思路或为已知领域开辟新途径、创立新理论体系的一种方法。

1.亲和图法的作用

（1）开发新产品。

（2）探索新市场。

（3）确保产品或服务质量。

（4）开展品管圈活动。

2.亲和图法的实施

（1）确定课题

亲和图法最适合处理那些了无头绪或受旧观念束缚而不易解决，且允许有一段思考时间的问题。对于那些简单的或时间紧迫、要求速战速决的问题，则不宜采用亲和图法。

（2）组成小组

课题确定后，应选择一些善于思考的人员组成小组，并营造团结协作的气氛。

（3）收集资料

收集资料的方法有：

① 直接观察法。亲自到现场观察，发现问题。

② 面谈法。找个别人谈话，掌握第一手资料。

③ 查阅资料法。到图书馆、资料室查阅有关资料。

④ 头脑风暴法。通过个人头脑风暴法和集体头脑风暴法，收集大家的意见。

（4）书写卡片

将收集的资料分为具有独立意义的最小单元，并制成规格化的卡片。卡片上的文字要简洁、真实，不要抽象化，否则不利于分析。

（5）汇总整理卡片

将写完的卡片混合后铺开，然后纵向、横向依次阅读，把内容相近的卡片归为一类，即按语言资料的相关性归类，而对于不能归类的孤立卡片，依然保留。

（6）制作标签卡片

根据内容相似或相近的卡片组，制作一张能代表该组内容的主卡片，即标签卡。

（7）制作亲和图

把归类过程图形化即形成亲和图。某企业"交货期不准"的亲和图如图8-30所示。

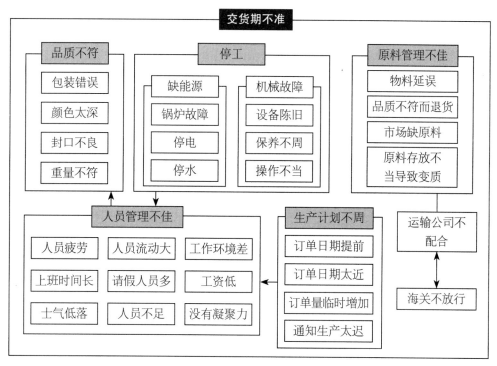

图8-30 "交货期不准"的亲和图

3. 亲和图应用的常见问题

(1) 注意应用范围。

对于简单问题或需要迅速解决的问题则不适合使用亲和图法,可使用排列图法、矩阵图法、因果图法等。

(2) 注意与其他QC工具的使用。

同时使用亲和图法和其他QC工具解决同一问题,会使问题复杂化。

(3) 注意要因论证。

亲和图法作为创造性思考问题的方法,不宜作为论据。也不能在采用排列图、统计表及其他数理统计方法之后再反过来用亲和图法作证明。

二、PDPC法

PDPC法(Process Decision Program Chart)即过程决策计划图法,是在制订计划阶段或进行系统设计时,预测可能发生的问题(不理想事态或结果),从而设计一系列对策,尽最大努力实现最终目标(达到理想结果)。该法可防止重大事故的发生,因此也称为重大事故预测图法。

1. PDPC法的作用

（1）新产品开发研制计划制订及管理。

（2）产品质量改善计划制订及管理。

（3）方针目标管理。

（4）质量纠纷处理方案制定。

（5）预防生产过程中发生质量问题。

2. PDPC法的应用步骤

（1）确定目标。

（2）组织有关人员成立小组。

（3）确定实现目标的最佳途径。

（4）预测可能出现的问题，并按重要性、紧迫性等排序。

（5）分析问题，选择最佳方案。

（6）制作PDPC图，如图8-31所示。

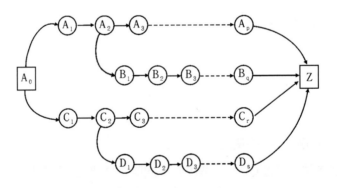

图8-31　PDPC图

图中，A_0为现状，Z为预期目标，由A_0到Z有几种途径。假设从A_1，A_2，A_3…A_p到Z为最佳，但由于A_2难度大，不易实现，故改为由A_2到B_1，再经B_2到B_q，最后到Z。同时，由于时间紧迫，难度很大，要求两路并进，即从A_0开始，一条经A_1，A_2B_1……另一条从C_1，C_2D_1……向Z推进。

 实例

　　PDPC法实例，见下图。

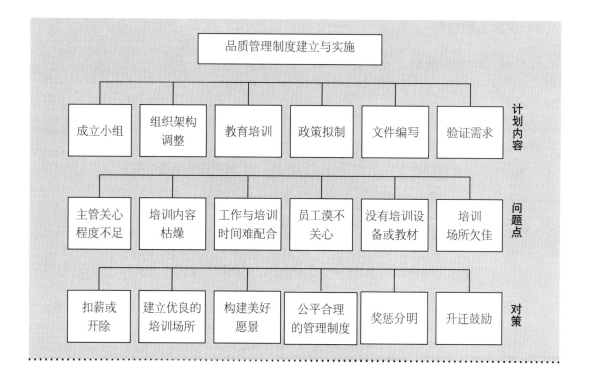

三、矩阵数据分析法

1.什么是矩阵数据分析法

矩阵数据分析法是新七大QC工具中唯一一个数据解析的方法，解析的结果仍然以图形表示。数据解析的过程采取多变量分析法，对矩阵图与要素间的关联性进行分析。

2.矩阵数据分析法的应用

（1）复杂要因相互交织的工程解析。

（2）在多变量数据分析中进行不良原因解析。

（3）从市场调查资料中把握客户对品质的要求。

（4）复杂的品质评价。

（5）感官特性的体系化、结构化。

（6）曲线对应数据的解析。

四、关联图法

关联图也称关系图，是用箭头线表示各类问题与要因、各项目与手段之间错综复杂的逻辑关系的图形。

1. 关联图的应用

（1）广泛地收集资料：可采用脑力激荡法或交谈法。

（2）尽可能将原本意思表达出来。

（3）图形的绘制要经过各成员的认可。

（4）为了整理出真正重要的项目，要不断修正图形。

（5）在制图或修图时，如果想到可行的办法，要立即到现场去试验。

（6）考虑如何切断一连串相互关联的活动。

2. 关联图的分类

（1）中央集中型关联图（如图8-32所示）。在制图时，把要分析的几个问题放在图的中央位置，各因素则层层向四周展开。

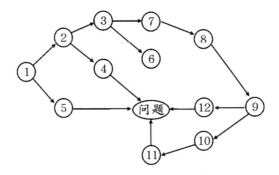

图8-32　中央集中型关联图

（2）单向汇集型关联图（如图8-33所示）。在制图时，把要分析的几个问题放在图的一侧，各因素则层层向相反方向展开。

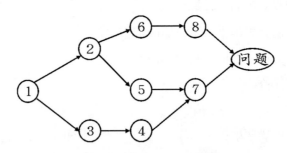

图8-33　单向汇集型关联图

（3）应用型关联图（如图8-34所示）。将关联图与其他图联合使用。

（4）关系表示型关联图。表明各要因和活动项目之间的关联性，可促进多部门、多项目协调，并不以解决某一特定问题为目标。

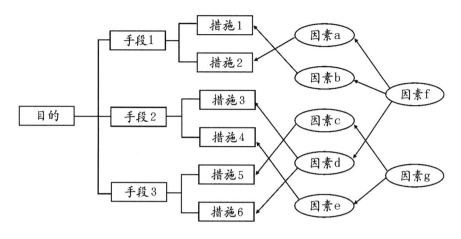

图8-34 应用型关联图

3.关联图的制作

（1）组成小组。由管理者、员工等组成小组，针对所需解决的问题，广泛收集意见。

（2）将各要素或问题归纳成简短的语句，并用"□"或"○"圈起来。

（3）根据因果关系，用箭头连接短句。绘制原则为：原因→结果，手段→目的。

（4）整理图形，尽量减少或消除交叉箭头。

（5）经过小组成员修改、复核，最后形成定稿。

（6）将图中要因用粗线圈起来（"□"或"○"）或特别注明，问题用双线圈起来（"◎"或"▭"）。

> **小提示**
>
> 在关联图中，箭头只进不出的是问题；箭头只出不进的是主因，也叫末端因素，是解决问题的关键；箭头有进有出的是中间因素。

实例

某公司××制程加工不良率高达0.6%，制程能力指数值为1.04，为降低不良率并提高制程能力指数值，该公司进行关联图分析，找到了主要原因：检验失误、固定失误、设定失误、操作失误，如下图所示。

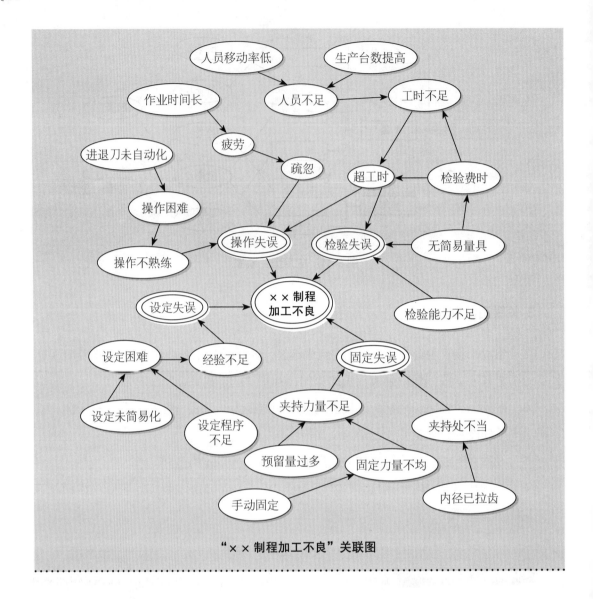

"××制程加工不良"关联图

五、矩阵图法

1.什么是矩阵图法

矩阵图法是以矩阵形式显示重要流程,反映各项工作、机能或品质特性间的相互关系。矩阵图法简单易行,在品质管理中被广泛使用。

2.矩阵图的主要用途

(1)确定系列产品的研制方向。

(2)寻找产品不良现象与原材料、设备、工艺之间的关系。

(3)拟制与市场相关联的产品战略。

(4)确定产品质量特性与各部门的关系。

(5)明确客户质量要求与工序管理之间的关系等。

3.矩阵图的种类

矩阵图分为L形、T形、X形、Y形等。

L形矩阵图(如图8-35所示),由因素a和因素b对应组成,反映多个目的和手段、原因与结果之间的联系。

T形矩阵图(如图8-36所示),实际上由两个L形矩阵图组成,即因素a和因素b、因素a和因素c对应的矩阵图,如成分—特性—用途,不良现象—原因—工序等。

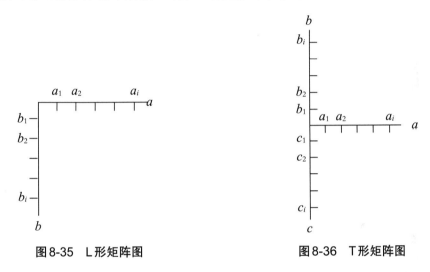

图8-35　L形矩阵图　　　　　图8-36　T形矩阵图

X形矩阵图(如图8-37所示),由因素a和因素b、因素b和因素c、因素c和因素d、因素d和因素a对应的四个L形矩阵图组成。

Y形矩阵图(如图8-38所示),由因素a和因素b、因素b和因素c、因素c和因素a对应的三个L形矩阵组成。

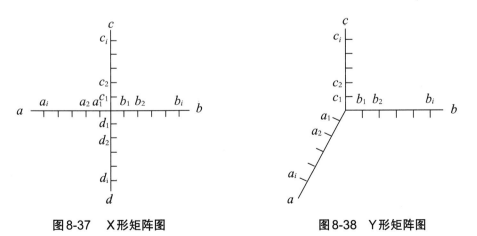

图8-37　X形矩阵图　　　　　图8-38　Y形矩阵图

4.矩阵图的制作步骤

(1)确定要解决的问题。

首先需要确定组合哪些事项,解决什么问题。一般来说,如果对象的目的或结果单一,逐步展开手段或原因时,可采用系统图法。但如果目的或结果有两种以上,展开手段和原因时,采用矩阵图较为适宜。

(2)选择因素群。

一般选择成对的因素群,以便确定它们之间的相关关系及影响。

找出与问题有关的因素,是绘制矩阵图的关键。例如,质量问题既与人、机、料、法、环等因素有关,还与生产工序、生产班组有关,利用质量问题—原因—工序矩阵图就可同时找出引起质量问题的原因和工序,从而采取有针对性的措施。

(3)选择适合的矩阵图。

一般情况下,两因素群采用L形矩阵图,三因素群采用T形矩阵图或Y形矩阵图,四因素群采用X形矩阵图。

(4)确定因素群的相关程度。

一般情况下"●"表示有相关关系,"○"表示无相关关系,"△"表示可能有相关关系。

(5)对有密切关系的符号做出数据统计,以明确解决问题的重点。

某电扇厂的QC小组针对吊扇输入功率高、运行效率低等问题,使用L形矩阵图进行分析,发现定子性能与功率、转速、启动性能有强相关关系,是影响吊扇性能的关键因素。因此,他们对影响定子性能的各元素进行正交试验,最终解决了问题。

L形矩阵图分析

原因	现象				
	绝缘强度低	耐压击穿	功率大	转速低	启动性能差
绝缘漆浓度低	●	○			
预烘时间短	●	○			
定子性能差			●	●	●
转子有缺陷			●	●	○
风叶不配套			○	●	○
风叶角度与电机不匹配			●	○	△

续表

原因	现象				
	绝缘强度低	耐压击穿	功率大	转速低	启动性能差
轴承不合格			△	○	△
精加工精度差			●	○	●

注：●——有强相关关系；○——无相关关系；△——可能有相关关系。

 **实例**

某厂为了促进产品质量全面赶超行业先进水平，以提高产品性能为重点，从各工序原料入手，采用T形矩阵图法，对影响质量的工序和原料进行分析，找出了影响质量的主要工序和原料，并采取了有效措施，从而提高了产品质量。

T形矩阵图分析

	影响因素	透光率	挥发粉	灰粉	水分	澄清度	外观	黑点
原料	X酚色泽深							
	催化剂含量大	○				△	△	
	甲酯酸值大	○				△	△	
生产工序	烷化	△						
	加成	○					○	
	中和	○						
	酯交换	●				○	○	
后处理工序	过滤	○		○		△	○	○
	结晶	○	△				△	
	离心	○	○			△		
	洗涤	○				△		
	运料	△		○			△	○
	干燥	○		△	○	○		
	包装			○	△			
检验工序	取样代表性	○	○	○	○	○	○	○
	仪器误差	○	△	△	△			△
	随机误差	○		△	△			△

注：●——有强相关关系；○——无相关关系；△——可能有相关关系。

六、系统图法

系统图是表示某个质量问题与组成要素之间的关系,从而明确问题的重点,寻求达到目的所应采取的最适当的手段和措施的一种树枝状示意图,如图8-39所示。

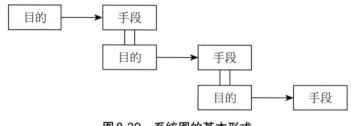

图8-39 系统图的基本形式

1. 系统图的作用

(1)开展产品质量控制活动。

(2)是另一形式的特性要因图。

(3)提升产品质量。

(4)制定新产品设计方案。

2. 系统图的制作

(1)确定目标。首先确定第一层次的目标,即最终目标,要用简明贴切的文字表达。

(2)制定措施。制定措施的方法主要有下列两种。

① 演绎法。即从总目标和高层次措施开始,逐一向低层次展开。

② 归纳法。围绕目标,先提出最具体、低层次的措施,然后向高层次展开,直至与最高层次措施相关联。

(3)评估措施。对制定的措施进行认真评估,可分为可行的、有待调查的和不可行的三类。对于有待调查的措施,在调查后再做决定。评估时切记不可轻易否定某种想法。同时,评估过程中产生了新构思,应随时补充,以便最终形成一套完整的措施。

评估结果用"○""△""×"等符号表示。

"○"表示可以实施。

"△"表示尚不能确定,需进一步调查。

"×"表示不可行。

对于"△"范畴的措施,通过进一步调查和试验,将其转为"○"或"×"。

(4)制作卡片。将目标及评估后的措施制成统一规格的卡片。

（5）初步建图。将卡片在纸上按"目标—措施"的形式排列成系统图，最后再加上连线。排列卡片时通常会提出以下问题。

① 为达到总目标，首先需要采取何种措施？

② 为达成上述目的，需要进一步采取何种措施？

（6）确认目标。为慎重起见，对初步建成的系统图，应利用归纳法从最低层次开始向上层确认。

某企业品管圈有四个问题点：

① 圈员分属于不同的部门。

② 全体圈员目前都是新手。

③ 圈员间的工作距离远。

④ 圈员由50多岁的男性和20多岁的女性组成。

为了使品管圈的活动有效开展，企业利用系统图从效果、实现性进行分析，最终选定了举办午餐会、召开3分钟会议、进行打招呼活动等对策，如下图所示。

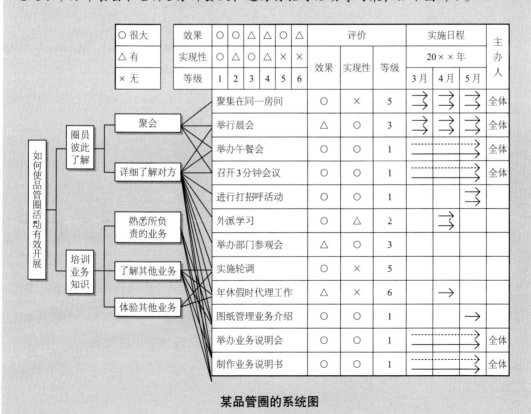

某品管圈的系统图

七、箭线图法

箭线图就是带有箭头的图形。根据相关性，将许多箭头连接成图形，用作管理手段，称为箭线图法。

1. 箭线图的应用范围

（1）交货期管理。

（2）新产品开发计划的制订和完善。

（3）产品品质改善及进度管理。

（4）生产计划和QC活动的协调。

（5）作业步骤和时间的优化。

（6）缩短工时的解析。

2. 箭线图的制作

（1）确定目标和约束条件。首先要确定应实现的目标（或应完成的项目）以及企业资源、环境等约束条件。

（2）项目分解。将整个项目用系统方法逐层分解为可以管理的子项目。

（3）编制作业一览表。根据项目分解出的子项目，编制作业一览表，并估计每个作业的工期。

（4）确定作业顺序。按照技术要求和资源条件（人力、机器、原料），确定作业的先后顺序。

（5）绘制箭线图。根据作业一览表和作业顺序，绘制箭线图。

对于小型项目，绘制一张总图即可；而对于大型项目，需先按子系统分别绘制箭线图，然后衔接成总箭线图。

箭线图上最基本的要素是节点和箭线。节点表示计划的起点、终点和作业结合点，常用圆圈表示。箭线是两节点间带箭头的线，用来表示具有一定内容的作业。

绘制箭线图时必须注意节点与箭线的关系：进入某一节点的各项作业全部完成后，该节点所表示的事件才能出现；某一节点出现后，由该节点引出的各项作业才能开始。

两个节点之间只能有一项作业。当两个节点间有两项或两项以上可以平行进行的作业时，其中一项或几项可用以虚箭线表示的虚拟作业来连接，说明两节点间存在的逻辑关系。

（6）在制图过程中还要进行分析和调整。

 **实例**

新产品开发的关键,大多以品质与成本为主,结合箭线图法,可防止开发阶段的日程延误,如下图所示。

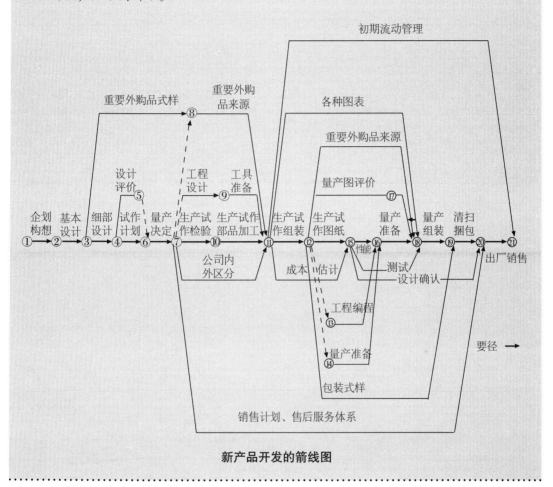

新产品开发的箭线图